Book cover by Zazie (Evi Moechel) - www.zazie.at
La Belle Inutile Editions Logo : https://pixelcat.at/

ISBN : 978-1-716-02747-5
Winter 2022

La Belle Inutile Editions

Printed by www.lulu.com

Live at the Height of Images

Vivre à Hauteur des Images

Contents - Contenu

ENGLISH VERSION	9
Live at the Height of Images	9
Table of Contents	11
VERSION FRANCAISE	85
Vivre à Hauteur des Images	85
Table des Matières	87

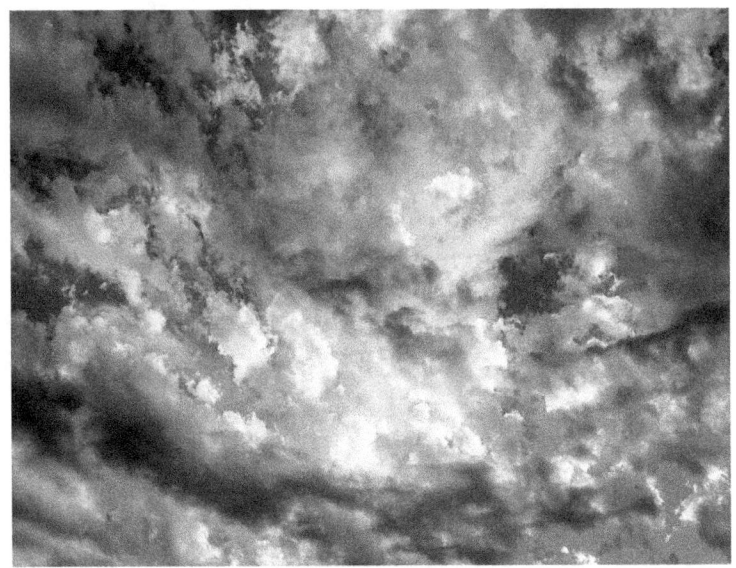

Photo : Zazie

Live at the Height of Images

Table of Contents

Introduction   13

Realisme is a Reductionnism   29

Things for sale   39

The Spirit of Things   43

Things that can be agreed upon   48

Beyond Realism   55

Introduction

"An image is not an allegory, is not the symbol of a foreign thing, but the symbol of itself"

– Novalis

To live at the height of images ... At the height of images and not *below* them, that is to say submitted to their power. A project which is obviously only possible at the height of poets. But that is not enough, because poetry and the (fine) arts remain subject to the unconscious, structural, permanent and immense influence of Plato and Aristotle, that is to say subjected to an essentially *slavery* originated thought, from the inside of which we can nevertheless take for granted that Surrealism will at least have succeeded in destroying for a while the separations between the arts and poetry.

This slavery thought has spread to the entire field of culture and continues there its work of intellectual butchery consisting in continuing to divide what the Middle Ages called Ars, and which covered almost all human activities, into Artes

Liberales (Liberal Arts) that is to say the arts of power, *the arts of domination*, noble and free arts and Artes Mechanicae (Mechanical Arts) that is to say the techniques of execution, servile, ignoble.

More precisely, the 7 liberal arts are broken down on the one hand into a Trivium, a term which, in Latin, means the three paths or "the three subjects of study", and which essentially concerns *the power of language* (ie expression, reasoning, persuasion and seduction) as well as a first level of mastery of letters. The Trivium is thus divided into: grammar, dialectic and rhetoric. And on the other hand in a Quadrivium, that is to say the four paths or four ways beyond the Trivium, which relates to *the power of numbers* and to a first level of mastery of sciences or mathematizable disciplines. The Quadrivium is made up of arithmetic, music, geometry and astronomy.

As for the 7 mechanical arts, they include: the manufacture of wool, armament, navigation, agriculture, hunting, medicine and theater. (Hugues de Saint-Victor, 1125)

To put an end to this separation which insinuates, justifies, prolongs, institutes, and finally reproduces and perpetuates the inequality between men down to the heart of thought and creativity, would therefore correspond to an abolition of slavery in the domain of culture, that is to say to the abolition of the distinction between the Liberal Arts and the Mechanical Arts and to hence use the word Ars to designate all the Sciences, Techniques, Fine Arts and Language Arts

(Poetry and Literature). In other words, this would correspond to the adoption of an *encyclopedist* point of view, within the meaning of the *Dictionnaire raisonné des sciences, des arts et des métiers*, which we remember that the production was led by Diderot and d'Alembert.

"L'Encyclopédie, a mighty book, whatever may have been said of it, which was much more than a book - the victorious conspiracy of the humanmind"

Jules Michelet.

Not more today than in the days of the Encyclopedie, does it seem to go without difficulties. Strangely in the twenty-first century, any orientation tending to restore the encyclopedist spirit is confronted with oppositions that do not seem less than those encountered in the Age of Enlightenment by the *Dictionnaire raisonné des sciences, des arts et des métiers*. Although the opposition of the Church no longer seems to be too much to fear, parochialism on the other hand is raging and as for the Jesuits, one might think that they more or less disappeared, but perhaps they have only changed their clothes... It is not that our century may be obscurantist. It is rather that "in order to make savings, we turned off the Enlightenment at the end of the tunnel."

And so we see the coterie of artists, poets and literati profess to despise and even hate science and technology, and on the other hand scientists despising artists, philosophers, literati, poets, their efforts, their pumps and their works as pure hoaxes, and finally the obscure pack of technicians making their best to ignore all they can - down to the murky merry-go-round where their "managers" exhaust themselves.

On the side of the "general public" and the political parties, the overall atmosphere is hardly better since everyone, under the well-informed unchallenged leadership of journalists, has become more or less "environmentalist" - although ignoring the very beginning of what the science called Ecology deals with. Besides, in the public, is science still at stake in any way ? Let's not even talk about technology which is either "High" (Tech) - in the catalogs - or else repressed, invisible, non-existent, and since quite a long time has been much more obscene than a penis or a pair of buttocks.

When science and technology are still in question , it is usually only to revile both, once supposedly lavishing wonders, they are today lavishing demons only. Demonology is now highly techno. Bureaucrats are now called technocrats, and science is called technoscience ..

By a high-level animism and of the best quality, the "technology system", it is claimed, would develop on its own without the masters of the world - who are nevertheless its *owners* - having nothing to do with it. "How could we possibly be responsible about anything ? Could we ? Don't even think about it". Responsibility does not even dilute any more, it evaporates. The world is everywhere covered with a sticky, viscous and incomprehensible technology liquid. We are impatiently awaiting the arrival of exorcists, the numbers of which Rome has just increased. In short, each one preaches for his own parish, for his own laziness, and prides himself on ignoring anyone who is not of his profession, so that the only thing that grows beyond so many quarreling churches and steeples, and in fact the only thing that makes some progress in this century, is *religion* - and the fanaticism that always accompany it.

Now educated, ignorance walks briskly without alerting anyone. Before, ignorance did not know anything but it knew itself, now it still knows nothing but it ignores itself. In the dark ages, the ignorant populace knew they were ignorant, and wisely, they thought as they were told to think, or even more wisely, they did not dare thinking at all. In our century of widespread nocturnal illumination, ignorance, cultivated at great expense, has become arrogant, peremptory. Like the spirit of God at the dawn of the world, hovering over the waters and abysses of the Real, ignorance makes strong and noisy statements. People have their opinions and they know what to think about it.

About what ? It's a wholly different story. About what journalists have decided to talk about in news flashes - vividly covering world news at cruising speed of 30 seconds per billion human beings - fortunately supplemented by debates between ordinary and extraordinary experts whose opinions

17

supposed opposites are exposed in a touching mutual agreement, and by the homilies of newspapers appointed "opinion leaders", always highly prestigious ones - since they are always the same ones - who express without failing the true opinion of the - absent - People. Silence the flocks, we decipher! The priests have therefore made way for journalists; the folklore has lost much in this change, the theological depths too. However, heavens remains heavens . Innovation is newer every day. Change moves forward, invisible, under the impenetrable veil of continuity. The end of history shamelessly disappears under the shock of civilizations, and the smart ones are those who know how to "change their software". The most desperate, the most lucid too, go astray in search of terrestrial intelligences.

So that everyone resigns themselves to this pulverization of any culture. It is said that specialization is responsible for this situation. The vast forest of arts, sciences and techniques would have become so dense that it would henceforth hide even that tree whose kind courtesy used, in the past, to hide from us, the so-called forest. Another way of saying that nobody knows any more, nor does even venture to try to know, how to distinguish the essential from the accessory, nor what is central from what is the anecdotal, nor how to identify by which differences the royal road may be distinguished from the potholes. And the wisdom of the time therefore requires accepting that the world is nothing more than a heap. You absolutely have to keep your mind up to date and understand that there is nothing left to understand. That there is nothing more to read in the great book of the world, which the work of men henceforth has made definitively unintelligible. "Shut up and calculate" as a particularly enlightened quantum physicist once said to his young flock - the likely uncle or cousin of a brilliant London stock exchange trader.

Primate among primates, the human species would have managed to put the world in the state where the owner of a marmoset that escaped from his cage would not like to find his apartment after a few days of absence. The intellectual butchering of old Plato would have made countless children, and of arts and crafts, made crumbled arts, like the scene of the Anthropos, has now become the Anthropocene.

Nobody seems to have realized that the present ignorance can only be the result of a calculation - whether a conscious or unconscious one, it does not matter - intended to restrict the diffusion of knowledge to the parts of the society where it is strictly essential, including and more particularly production. Designed to seduce royalty and nobility and to elicit their enthusiastic adherence to the wonders of industry, the Encyclopedie had served its purpose; the king of France himself was patiently adjusting his mind to the arcana of the locksmith.

With the matter in the bag, it was time to shut down the Enlightenment Age lest it would last too long. The public lighting abruptly lavished by the Encyclopedie about the production methods of its time had therefore to come to an end. And it was cautiously ensured that who didn't need to know about something, could not to know about it. By one of these twisted revenges of logic, men, now kept in a healthy ignorance of how their world was produced, felt more and more foreign to it. Alienated, it has been rightly said, although without the usually associated asylum, as the products of industry and the sweets of commerce had spread everywhere among men, outside themselves as well as inside themselves - in their lungs even.

But what makes the beauty of alienation is the happiness that the alienated ones find in it. After the Enlightenment and once the definitive seizure of power by Capitalism had been assured, the re-establishment of the separation between concrete and messy things on the one hand, and intellectual and abstract things (including skill in handling the cash drawer) on the other hand, thus made it possible to ally the holders of the speech, in other words the intellectuals, by guaranteeing them that well or badly paid, they would always remain at the top in the basket.

By keeping them away from the loathsome world of science and technology, it was ensured that, deprived of any intelligence as to the production of their own life, they would find themselves forced to perpetuate exploitation so that others would provide them with a decent living. So it is not out of a particular taste for betrayal that revolutionaries inevitably turn into bureaucrats, but much more simply because they have no other choice. None of them have ever been convincing in the subtle and dreadful art of planting cabbages, their first care is always to make sure that others will do it for them. As for the rest, let us note that when Voltaire writes "we must cultivate our garden", this is only an image. What it is really about, it is not at all to cultivate vegetables, but rather the subtle art to cultivate money that others' work created.

The encyclopedic spirit having acquired some letters of nobility in the matter of revolutions, we propose here, not only to come back to it, but to push it to some new extremes.

Radicalism consisting in taking things at the root, it hence advises to take better account of the source from which everything that surrounds us springs and which is *the real functioning of thought*.

An image that represents nothing

The word *representation*, if one relies on its mode of construction, consists in re-presenting, that is to say in presenting again, "by means of an image, a figure, a sign" - they say - something which hence priorly presented itself, which was present, and which its re-presentation claims to make present again.

We can condense the list "an image, a figure, of a sign" by noting that a figure is an image and that, at least as far as writing is concerned, a sign and an assembly of signs are again images. Because that's how writing begins... By assembling small drawings. Which end up evolving in rebus, then with alphabets in pure conventional signs. On closer inspection, *writing is actually nothing else than a collage*. A collage built on the basis of a few rules, of course, but the actual functioning of which is identical to that of a surrealist collage where the meaning emerges *above and beyond* the representations.

So that all of these terms associated with the word representation ultimately refer to the sense of sight and the term image, in daily language, is almost equivalent to representation.

This incidentally consists in silencing speech, which is itself also made up of signs, albeit sound signs. Moreover, we do not say of speech that it represents, but rather that it *evokes* or *invokes*. Likewise, other senses, such as smell, taste or touch *evoke* more than they represent. An image represents something, but a smell does not represent another smell, nor does a taste represent another taste. And, as Marcel Duchamp noted, "we can see someone seeing , but we cannot hear someone hearing " - and the same as regards smell or taste.

Moreover, to consider it with a little attention, the expression **this** represents **that** is rather surprising, because in order for That to be able to be re-presented by This, it was first necessary for the Real to present itself, it was necessary for it to be made present, in short it was necessary for it to happen. The re-presentation is therefore a remembrance, an act of memory. And of course memory re-presents, it makes things present again, it even seems that it is the essence of what it does. Moreover, when by chance memory stops doing it, the French language calls it a « trou de mémoire » (i.e. "memory hole" instead of "memory gap"), or an oversight. And to those who are afflicted with a memory gap or an oversight, it is admittedly difficult to identify what either represent.

Then comes the question of knowing what is thus memorized before being re-presented. Could it be

23

the Real itself? This is doubtful because nothing is more fleeting than this present (this *gift*) in which the Real makes itself present. A Real which is made of occasions, of the kind of occasion that make the thief and which will never occur again. And occasions that it would therefore be as useless as tedious to memorize. In fact, what our memory records are *perceptions* and certainly not the Real itself ... Which until further notice remains an enigma. So that what is re-presented is therefore not the Real but rather the perceptions that we have had of it.

The nature and functioning of perception are difficult problems, to which we will have to come back, but it is however certain that to perceive is to *identify forms* in the Real. An operation that seems natural and obvious to us, but which is all but obvious, neither biologically nor culturally speaking, because it actually depends quite largely on the species to which we belong as well as on the culture in which we live. Our Western culture identifies 7 colors in the rainbow, other cultures may identify less or, on the contrary, more, but whatever is decided here or elsewhere about this question, we have learned that the spectrum of visible light is actually continuous. and hence that the way in which various cultures segment it into identifiable forms within their own cultural space is in fact arbitrary.

The same happens as regards numbers, since some human cultures don't seem to be able to count beyond five. Thus with snow: the Inuit have a large number of words to identify the different qualities of snow, and if they are able to talk about them, it means that they *see* them, that they distinguish them, although we ourselves are incapable of it - except if we learn such subtle differences from the Inuit culture. In fact, this is just as true of our internal perceptions, of the way we perceive our body and our mental states. Cultures based on Hinduism have a much larger vocabulary than Western cultures when it comes to the different states of the mind, and again, if they can discriminate among them, it is in some way or another because they *perceive* them. In other words, the forms that we identify in the Real are largely cultural, that is, *conventional*.

Now, if it turns out that every representation is an image, a poetic image - in the sense of Pierre Reverdy [in Nord-Sud, 1918] - *is not* a representation. Because to represent is to take a very particular position with regard to the Real. It is, in a way to *take its place* to be an equivalent of it. For example, the letter "A" takes the place of the sound "a", but it is obviously not the sound "a" itself. Representation is based on a *convention*, i.e. on a *decision*. Nothing predisposed the letter "A" to represent the sound "a". The letter "A" originates from an older sign which represented the head of a cow. Likewise, the letter "B" has its origin in an older sign which represented a house. Anything other than the letter "A" could have done the trick to represent the sound "a". It had to be decided that way. And like a member of parliament, the letter "A" happened to be elected. By the arbitrariness of the sign.

What is a surrealist image? As Magritte tells us, *it is not what is on the canvas*. **This is not a pipe.** Nor is my text a thought. But what Magritte is actually saying is not that this pipe representation is not a pipe. What he says has nothing to do with the pipe or any other object. He says: "Watch out, I am creating an intellectual event in your brain! ". And this intellectual event is neither the pipe, nor the representation of the pipe. But an invitation to think about what representation actually is. Something that is all but obvious.

Likewise, Marcel Duchamp, concerning a line copy of Courbet's *L'Origine du Monde* to which he had added a bird, mischievously indicates: "This bird is really weird, and it's a falcon and so we see both the true and the false ". Falcon is the same as the French "faucon", which sounds the same as "faux con" (Eng. "false cunt") and is hence resonating with the true "con" (Eng. "cunt") which is represented in *L'origine du monde.* The play on words is not on the canvas, it arises - or not - in the mind of the spectator, and it is this *emergence* of what is not represented on the canvas which is the real subject of the painting, and not at all what is on the canvas.

Max Ernst suggests the same thing when he says, "While it's the feather that makes the plumage, it's not the glue that makes the collage." Magritte, Duchamp, Ernst, the three of them agree on Pierre Reverdy's definition of the poetic image: "The image is a pure creation of the mind. It cannot arise from a comparison but from the coming together of two more or less distant realities. The

26

more distant and just the relationship of the two realities, the stronger the image - the more emotional power and poetic reality it will have … etc. "[Revue Nord-Sud, March 1918] which expresses that the poetic image is *a movement of the mind*, in other words an event eminently abstract and radically beyond the reach of any representation.

The fulgurance which is at the core of the poetic image, however tenuous it may sometimes appear, to be, has this quasi-historical quality that it does not repeat itself, cannot be copied, even in the age of industrial reproduction, to paraphrase Walter Benjamin. As a result, either this movement of the mind takes place, or there is no poetic image at all. What Pierre Reverdy's definition of the poetic image requires from the poet, as well as from his reader, is, in a way, the "quantum leap" which consists in jumping from the "realities" abruptly connected by the poetic image to the mental irruption of their relationship, such as the poetic image does not "unveil" it, but more exactly *creates* it.

This concerns first of all the surrealist "author" who, as André Breton notes in the first Manifeste du Surréalisme, being entirely subject to the dictation of his unconscious, is in no way responsible for what arises under his pen and cannot therefore be considered a legal person. But this concerns the reader as well, or more precisely the "viewer", a term used by Duchamp to emphasize the specific *activity* of the viewer "who makes the picture" while the term spectator generally suggests *passivity*.

The terms of the poetic image may well be realistic images, that is to say "realities" as indicated by the use of this term by Reverdy, but the new relationship that the poetic image establishes between them, because it suddenly reveals at least one, but perhaps even several, of the aspects of the fabric of relations which these "realities" maintained "secretly", suddenly restores a little of *the spirit of things*.

Realisme is a Reductionnism

What "realities" does Reverdy's definition of the poetic image tell us about ? Although the etymology of the Greek verb "poiein" suggests a much broader original meaning, and despite the efforts of Surrealism to dissolve the separations between the arts and poetry, it remains generally agreed that poetry is about language and words. So the "realities" Reverdy speaks of are of the order of those *evoked* by words.

Evoked and hence not represented. The difference is significant. Evocation gives free rein to the imagination while representation constrains it. Everyone is likely to read, *that is to say imagine* in vastly different ways the "realities" evoked in a novel. In a film derived from the same novel, the wine of the director's imagination has been drawn and frame after frame, whether good or bad, we have to drink it. Sad to say, but most cinematographic works are based on realistic images, which are worth for what they represent. A cat image is a cat, a mug image is a mug, and a pipe image is a pipe. And we have to believe it! Or leave the performance... No need to hope for the sneer of Magritte's ghost saying "This is not a pipe" in a corner of the room. The same goes for: "I say a rose, and immediately the absent from all the bouquets rises" ... In the cinema, Mallarmé's rose never appears.

There as elsewhere, *convention* decided otherwise. Literature is storytelling, only storytelling, in short Literature is the novel, the novel and always the novel, period. Cinema is for the most part still this same convention of storytelling, but even more deeply conventional since each image of the story is only valid for what it represents and which is *that* and not something else.

Realism slyly supposes submission, then no less slyly it imposes it, it requires it, it reinforces it, and in the end, it compels us to it. Realism, by construction, is always *the eye and the voice of a master* and then that of *the master.*

Realism speaks of truth, of nature. It claims to be adequate to things. Because *Realism believes that there are things.* Things that would be there, outside, in the Real, basically waiting for us to "discover" them. The bourgeois trickery soon found its own financial interest, by setting up the tale of the scientific "discovery" (free) opposed to the technical "invention" (paid). The discovery then obviously does not require any particular remuneration since it only reveals priorly existing "laws of nature" while the technical invention being a human "creation" must, for its part, be remunerated and be the object of a patent or other similar legislative measures.

Realism believes that there are things, which in fact turn out to be the unholy heirs of Plato' ideas. Plato, the caveman and the famous illusionist, the inventor of cinema and "virtual reality". Inventor above all of an art of splitting hairs, of an intellectual butchery method, where the world is cut in two: temporal versus eternal, sensitive versus intelligible, material versus spiritual, body versus soul, etc. All these oppositions which are actually different clothes of one and the same reality: *slaves versus masters*. In short, nothing more than an idealization of that stench of the Greek world that still survives in the very heart of our world : *slavery*.

Realism wants *things*, well defined, identified, pre-existing things, independent of the perceptual choices that the living must make within the Real in order to tune with and survive in it. But, Biology is stubborn. The things of the bee, are not the things of the snail, which are not the things of the paramecium, nor the things of bacteria or viruses ... The study of the lexicon of human languages itself, shows that the choices made by different human groups to describe the Real can differ considerably as to what languages decide to take into account or not.

A consistent Darwinism must admit that *our perceptions are productions of the evolutionary history of living beings as a whole* with both the part of chance, of variability intrinsically associated with any kind of history and the part of adequacy, itself variable, but effective since it allows living beings to "persevere in being" as someone said. However, a consistent Darwinist is not a philosophical idealist, he does not believe in any way that the Real is a production of the living, or that of the human thought or brain, but that it is what, *both outside and* **within** *the living* itself, *orients* or at least *constrains* the evolution of living things.

Because, we now know much more than Darwin knew ... We now know the Real - i.e. History in this case - not only as the external and selective action of Time on the living, but also as the internal and creative action of Time *within living systems.* Creative action, but also obviously selective as we learn from embryology where Darwinian creation and selection intertwine, and in a certain way *cooperate*, in the process of building a new living being as described (among others) Jean-Claude Ameisen's work *La Sculpture du Vivant, le suicide cellulaire et la mort créatrice* [Sculpting the Living, cell suicide and creative death] ...

As for the allegedly Darwinian but naively capitalist vulgarity of the "law of the jungle" and the "struggle of all against all", it is so deeply rooted that only a *woman* happened to reach the conclusion that the first level, and by far the most fundamental aspect of natural selection, was *to get to be born*. Something that no man seemed to have priorly thought of.

Simple logic would have required that, during Darwin's very lifetime, instead of reducing Darwin's "natural selection" to its *selection* aspect, the fact had been recognized that, for natural selection to exist, it was necessary that there would first be *creation* of something to be selected without which, selection and "struggle for life", would have long since ceased for lack of "struggling" living beings. Associated with the process of natural selection, therefore, there must necessarily be a process of *natural creation*. Darwin himself was more than aware of this, when speaking of *descent with modifications*, without being able to point out clearly, at the time, the sources of these modifications.

But in fact, what has been propagated instead of the theory of evolution proposed by Darwin, is nonsense of the type "law of the jungle" and "struggle of all against all" - inspired by an absurd and obviously false theory of capitalist competition - which, under the pretext of optimizing "natural selection" has resulted in policies of eradicating entire populations declared "degenerate", "too weak" or, like the Jews and the Gypsies , frankly harmful.

The theory of capitalist competition is wrong, even on its own turf and in its own world, because no business can function without the immense fabric of suppliers and customers that enable it to produce and sell. In the real life, capitalism operates by creating economic "ecosystems" or by inserting itself within pre-existing economic "ecosystems". And this point is the essential one and not competition, because if a company does not fit into a pre-existing economic "ecosystem", it cannot be created and therefore will not exist. The competition between non-existent companies being reduced to very little, the theory of competition supposed to lead the market world is not only false but absurd. Here again, this kind of nonsense is an expression of Realism, that is, a convention in which everyone is called upon to believe, although it does not stand up to the slightest logical examination.

The foundation of capitalism is not competition at all, but collaboration and indeed, rather, a form of *symbiosis*. It is only on this complex collaborative basis that competition can be exercised. So-called Market Realism is a reductionism, that is a so said theory which truncates a global social and productive reality by restricting it solely to the point of view of the individual entrepreneur that are strictly driven by *mimetic rivalry*. It is also quite obvious that competition only makes sense between companies that offer the same type of product. In other words, between *imitators* of an initial creator of this type of product.

We now know that the processes of natural creation exist, and that they are much richer and more complex than suggested by the concept of descent with modifications originally invoked by Darwin and also richer than the concept of random mutation of genes which subsequently replaced it. We know that the creation and transmission of novelties of a chemical, biological or ecological nature, occur and develop throughout the totality of living things, itself considered as a unique system of creation and propagation of innovations of all orders. A unique system whose components - individuals, species, and ecosystems - are interconnected at many levels, including diagonally and transversely.

We learned, for example, that viruses carry genes or pieces of genes and more generally potentially biologically active molecules from one species to another. And so are plasmides within the bacterial world which live and reproduce largely autonomously within the bacteria they colonize, are transmitted from one bacterium to another, and together with them, segments of genetic material. inducing - for example - forms of resistance to "our" antibiotics. And this by chance in the course of their wanderings within the global system that all bacteria on the planet together constitute. We also know - among other things - that the genetic material necessary for the production of one of the proteins that allowed us to become placental mammals is of viral origin.

But Realism and the set of conventions which it constructs and imposes and which constitute it, is not a consistent Darwinism ... It ignores biological evolution in large as well as in detail. It refuses to take into account the fact that it is this biological evolution which has formed, configured, adapted our sense organs and our cerebral capacities, and that, consequently, we only perceive and conceive what this biological evolution allows us to perceive and to conceive. Evolution being nothing other than History, constituted as we know by chance at least as much as by determinism, there is therefore very little reason to think that the world can in any way be reduced to what we are able to perceive and to conceive of or to represent to ourselves.

But for Realism, neither perceptions nor conceptions are problems. They are always sufficiently accurate as to the uses Realism makes of them, namely *production* and *trade*. Realism is therefore confined to what has to do, with *representations*, and the only thing that interests Realism, is whether two representations are equal, that is, whether one representation properly *imitates* another or not.

Because what Realism aims for is not the Real, but only the convention. The convention which, by assuming that one thing is equal to another because they admit the same representation allows industrial production and above all constitutes the basis of sale and exchange. This, because *exchange must appear fair* for the sale to be concluded. The parties involved must agree that the things exchanged are equivalent. But this is never true. This is only possible through the willful blindness of the contracting parties. Because each particular thing is intricated in a history, a network of relations and processes which constitute it as different from any other, even when considered equivalent by convention.

As the French say we may well call cat a cat, their representations are identical and in terms of the exchange, all is well. Except one is affectionate and the other irascible. One reaches out for the caressing hand while the other is claws and teeth - and uses them. The French expression "to buy (or sell) a cat in a bag" shows quite clearly the required opacity, the necessary blindness by which, prior to any exchange, things must be reduced to an agreement between buyer and seller. And we are called upon to believe in this monstrously reductive convention which is the mother of sale and exchange, and on which credit is based. I do not believe in it and I will always leave the faith for the shadows. But I believe, on the other hand, that *this is on which money is based.*

In a universe almost exclusively based on trade, the willful blindness constituting the exchange, which is reproduced millions if not billions of times per minute, has long since become like second nature, inducing an immense catastrophe in the field of perceptual and sensitive abilities. Hence an aesthetic disaster, in the sense that *aesthetics is the culture of sensitivity to forms.* A catastrophe of intelligence too, since intelligence is this play with forms that allows the development of other forms, more and more general forms and of ever wider scope.

If we admit that consciousness is nothing other than *the perception of the perception,* and then further on, the perception of the perception of the perception, etc. then this catastrophe of the intelligence is also an immense extension of unconsciousness. More particularly and more importantly, an oblivion of the considerable loss which is now underway in terms of perception, sensitivity, of the ability to discriminate and ultimately of any subtlety in sensations as well as in feelings.

This growth of unconsciousness remains, deaf, unknown, because surreptitious. It goes all the more unnoticed as a large part of the perception processes are themselves located either in unconscious mechanisms - unconscious because they are deeply rooted biologically - or on the thin and constantly moving edge, where these mechanisms emerge. - or not - to consciousness. What then disappears is that area of indecisive obscurity, gray or black, from which poetry and art once sparked their flashes. Victor Hugo's "Mouth of Shadow ".

In this collapse of perception and sensitivity, where all things have become equal, and everything is now indifferent - living or dying among other things - and anesthesia is general. So, in order to feel oneself a little bit existing, the only way out is to *kill*. So, a few years ago, in Nanterre, in Paris suburbs, an armed man broke into the Town Hall and started shooting at the municipal council which was at that time in the middle of a meeting, killing a good number of the councilors. In his diary, before this massacre, he explains that his goal was *to feel alive at least once in his life* (Cf. Bernard Stiegler's analysis on this point). To kill ! What you kill doesn't matter : may it be others or yourself, it's all one. It is the same movement, which combines the cowardice of a revolt by proxy delegated to any supreme savior at hand, and the hatred of others and especially the hatred and contempt of oneself, which democratically brings the far right to power, and dictatorships in so many places in the world. Having reached its completion, Realism has succeeded in reducing the Real to its own reality, that is to say *a pure fiction*.

Things for sale

Let us imagine for a while that these well delineated "things" on which the alleged commercial exchange is based, no longer be what Realism claims them to be – according to conventions that we are required to accept – but what they, much more probably, actually are, that is, dynamic processes in permanent interaction within a somewhat general context that we may temporarily call Universal History...

- Mr. Sales Representative, I would like to buy a refrigerator ...

- Something like that, an entry-level model?

- Yes. Small and not too expensive ...

- This one is worth xxx euros

- But that's expensive !

- Ah! No. Not at all ! Please keep in mind that for

this price, you have much more than a refrigerator. You also have a hole in the atmospheric ozone layer, a little more greenhouse gases in the atmosphere, thanks to our foolproof packaging you are also modestly contributing to the formation of entire continents of plastic waste, to the cutting down of a few trees in order to make the transport pallet and the paper pulp of the advertising leaflets that fill your mailbox, some traces of shares in copper mines, 90% more e-mail in your emailbox, hundreds of messages on your telephone line intended to sell you heat pumps - that we also manufacture, a small percentage (hardly 5% to 10% no more) of the cost for all of our promotional operations, plus some minutes of war to access the oil needed for transportation, a few pages of the billion copies of the Wahhabi Koran paid by the Gulf monarchies, a few bits of road accidents, etc. And even much more than that, but I forget ...

- That is true ? Is all this in this thing, this refrigerator?

- Ah! Yes. Absolutely

- Great ! So I buy it.

Since late 14th century – since the early beginning of the Italian Quattrocento, at least – the power and extension of Realism in the world have only grown, in a literally explosive manner. Art is believed to have moved away from Realism, but that only applies – and not even really – to "fine" arts. This view only seems valid because we forget that the word Art once used to designate all human industry.

What used to be the expression of human skills, what used to rely on a master's talents, what was sometimes based on chance and randomness, on something close to a miracle even, what sometimes worked and sometimes did not, now works reliably, in a repeatable and industrial way.

Representations now spring at will. Realism has achieved its goal. Almost. What contained a share of talent and luck has now been "democratized", industrialized, in photography, cinema, television, and the so-said "virtual". And products of realism have dizzyingly grown and spread, they are everywhere. No century has ever been more realistic than ours, and the next will certainly do even better. At the fair as in the city, in the city as in the countryside, the representation – the show – goes on ... Our democracies are not representative by chance.

Realism says nothing else than "*this*, is **only** *that*". While Jivaro warriors only reduced heads, Realism reduces the Real itself to a pure convention. That is to say that, per construction, Realism is *disenchantment* spreading over the world. It removes the Real – that is, the unexpected – from the world that it builds. Frédéric Nietzsche had identified this general movement in realist painters: "The realist painter claims to paint the world, but in fact he never paints more of the world than what he knows how to paint of it".

We rarely sense how totalitarian, the wording "*this*

is **only** *that*", may be. Under the pretext that Realism has been there for centuries, we forget to compare it to what Orwell designates to us in his book *1984*, but the building of which began long before. Yet, in its claim to state what are the true, the obvious, the Real, Realism is in every way similar to the worst dictatorships. People will object that a dictatorship must be personified, that it requires a real bloodthirsty and cruel dictator, with the required mustache (to remove any doubts), and hard suffering, intolerable injustice as well as numerous victims. Yet, why should freedom have anything to do with comfort?

Some have – somewhat belatedly – raised concerns about the emergence of a generalized lie based on digital technologies. Journalists – as well as academics and researchers in search of subsidies – having used the flashy terms of "virtual" and "virtual reality", everyone immediately followed them with the touching naivety of cuckolds. Apparently, they had failed to notice that the "virtual" had started – to say the least – with representations during Cave Age, when by a notable progress of the mind, homo sapiens managed to develop remarkable abilities as for believing that the moon is made of green cheese. Capacities which, curiously, are systematically considered to emerge together with "spirituality", of which any archaeological object, is supposed to testify. Art being hence "scientifically" considered as the ultimate proof of God's existence.

The Spirit of Things

For centuries, Realism has slowly crept in in every look, in every gesture and finally in every thought. It has properly become a reflex. It is out of pure ethnological politeness - or rather by a pure ethnological hypocrisy - that we no longer pretend to be scandalized by the strange infirmity which leads the "primitives" to not see the world *as it should be seen*. Do these savages have to be naive to venture in reducing only heads! Instead of proceeding as we do, that is to massively, industrially, reduce the world itself - heads included - to *what we think we know of it*.

It has been said that some primitives dreaded photography because they feared it would capture their *spirits*. Legitimate fear, of which they are reassured quite quickly after a few experiments, which confirms to them that photography decidedly *misses the spirit*. As in these remote places far from any civilization, not everyone has read the proud motto of the French Republic, the immediate sense of the "primitives" that equality constitutes one of the fundamental biological characteristics of the species, does not allow them to imagine that the photographer himself is also

43

quite devoid of any spirit. How indeed could they imagine that a human being can be devoid of the awareness that a thing cannot exist outside the fabric of dynamic relationships which *scientifically* constitute it?

Because the mind - or if you want the soul - is what cannot be seen, cannot be touched, cannot be smelled, cannot be tasted, cannot be heard, but which nevertheless exists, and is perceived in other ways, and is observed experimentally at least by its effects. The soul is this "anima" that animates.

The soul is "that which moves by itself" says Plato, always inclined to say more than one really knows. Aristotle is both more careful and more precise and designates the soul as "the cause of the vital movement in the living". If we translate Aristotle's definition into modern terms, the cause of vital movement in living things is not the simple substance he imagines. It is a complex process involving the transformation - that is, the changing of shape - of *energy*, which is now commonly called metabolism. Not much is known about energy itself beyond the fact that we know how to measure it, and beyond, its capacity to change shape (matter being, as we know, one of these forms). But about energy, we nevertheless know this important thing , namely that through its metamorphoses, *energy is always conserved*. Despite journalists' fables the first principle of thermodynamics, that is, one of the most fundamental laws of physics, forbids saving energy and stubbornly declares that *energy is always preserved*, in any circumstances. In other words, there is no known experience that has ever created, produced or destroyed energy. But when the laws of Physics do not fit with the laws of Economy our society always chooses to change the laws of Physics... Although strangely enough, Economy is the only one among the Sciences of Nature that requires exercising armed forces for its "natural laws" to be effective.

The Greeks, if they had clearly identified the soul with energy, would therefore have had some reason to believe that the soul is indeed immortal since in all known circumstances, it turns out that the energy is conserved. That is, it is not lost nor created, but only transforms itself. Since we don't know much about energy beyond the metamorphoses through which it manifests, all we can say about it is that it manifests itself through changes, that is to say through *processes*.

Any process requires a transformation of energy, or if you prefer, no energy, no process. *No process at all* ! Neither commercial, nor industrial, nor other. All the machines and products that we live upon at all times, are based on the use of fossil fuels up to more than 85%, therefore exhaustible, and also with a formidable effect on the climate. However, no one seems to care what will happen to the world based on just 15% of the energy we use today. So no machines any longer, no fertilizers, no mechanized agriculture, no transport any longer , no health system, no education any longer, etc. But nevertheless 10 billion human beings ... I would hate to be one of those who will count the corpses. The exponential functions have very unpleasant slopes, but the worst part to have to descend from the heights they reached, without one single parachute ...

When the "primitives" discover that photography does not capture the spirit, they are doing nothing but realizing, that the photograph does not capture the full range of processes in which the thing itself is *without any doubts*, intricated. They designate by this - to put it simply - its past, its present, its future and the whole and open set of relations that it maintains or could maintain with the rest of the Real, and in particular the processes in which it takes part, which globally speaking are indeterminate and indeterminable... And since all *that* - which is for them *the spirit of the thing* - is not in the photograph, they understand very well (unlike civilized people) that Realism has very little to do with the Real.

An observation of weak consequences will the civilized think, until the moment when the enormity of his "little" oblivion of the efectiveness of the spirit of things will be revealed to him in the form of an ecological catastrophe, where suddenly all the interactions and processes of which the thing was in fact *also* constituted, appear. An immense tide of details that we had boldly not only ignored, but *denied* in the operation of sale or exchange.

Now, it turns out that History is not for sale, and Time cannot be traded. We can sell or exchange traces, results, products, memories and stories, but we will never sell one single *real* instant, past, present, or future that we have not priorly *killed and skinned*. As we say in French, to sell the skin of the bear one must first have killed it. Each moment is unique and, primates as we are, we can hardly but ape it. But, as Marx says about the replication of great and small Napoleons, *the second time is a caricature.*

Things that can be agreed upon

Sale or exchange, unlike theft or looting, are based on a consensus of the parties, in which one or the other, and indeed both, have an interest in lying. Of course this consensus is made "on the back" of the "thing", which is not in the least authorized to express itself freely, that is to say in all its potentialities, past, present or future, known or unknown, pleasant or unpleasant, harmless or deadly. In short, the "thing" that is sold or exchanged, is what had to be priorly *silenced*, as the least of human slaves who is being sold in the slave market quite intimately knows ... or the girl who is married by her parents. Prior to the sale or exchange of the "thing", it will have had to be cleared of its *spirit*.

This spirit, in other words, the set of relations between the "thing" and the Real, obviously includes the set of these obscure and intimate relations which are woven between the thing and its owner. Such as those which bind the artist to his work, and the greater or lesser intensity of which, will lead the artist to consent to parting with his work - or not. But whether the seller is an artist or not, the relations between the thing and its owner - as far as they exist - are always "magical" and therefore do not really allow a sane financial appreciation. That is, they do not provide a reasonable basis for determining anything like a fair price. Selling or trading is first and foremost about denying such relations. And indeed, they have no legal existence.

This castration of the "thing" prior to any exchange is remarkably organized in the capitalist process, where the process of dispossessing producers and of systematically breaking all the intimacy links which, during production process, are necessarily introduced between the producers and their products, has been highly refined. It is, in particular, as it should be noted, one of the functions of machinism, which makes it possible to completely disorient the individual producer by forcing him to concentrate only on his fragmented task. This also entirely relieves him of thinking of any consequences that may ever occur from the use his activity and of his product. This is one of the origins of this "banality of evil" that Hannah Arendt spoke of about Adolf Eichmann. The administration and the bureaucracy being only machines like the others, the traditional claim of irresponsibility by referencing to the orders and procedures imposed by the hierarchy is now replaced by the reference to the "computer" which nowadays implements these orders and procedures "in silicio", the hierarchy having been advantageously replaced by "the software" - which had however never thought of applying for this job.

But this is only one aspect of the question. The

same dispossession is organized on the side of the industrialist himself, who sees the product only as its commercial value, in other words as its *exchange value*. Likewise, he only sees the exchange value of the resources required for production in terms of raw materials, including human beings (currently named « human resources »). Everything is thus reduced to the problems of a strictly financial administration, radically ignorant of the Real and even of production "realities". It follows that the only organizational body that could be held responsible for the links between the devices and the production process on the one hand and the Real on the other hand, is the *technical administration of Capital* because it alone has global visibility.

Let's recall that the Capital is the set of technologies and production means, as they are conceived, created, and used in a relation of exclusive appropriation by the capitalists. Not, of course, that other appropriation relations cannot be conceived or implemented, but because in fact any other mode of appropriation is legally and physically excluded from the capitalist world. In other words, this relation of exclusive appropriation by the capitalists of technologies and production means is also exclusive in the sense that it excludes the existence of any other conceivable relation of appropriation.

The technical administration of the Capital, as such, has little more to do with technical creation than the cleaning of brushes has to do with the pictorial creation of a painter, or the performance of military music with musical creation. But who would not see the advantage that the capitalists have in clearing themselves of all responsibility by propagating the confusion between two very different roles, one of surveillance of industrial workers and machines, and the other of technical creation, hence making the good people believe that the pack of surveillance guards are the instigators of all "progress" and the technical creators responsible for all disasters - or the reverse, as the need arises, for confusion is always good-natured.

Hence the interest of the terms "technocrats" and "technocracy" which reflect little more than the capitalists' lack of control over their own administrative machinery. As for letting believe that any administration may ever be at the origin of any creation whatsoever, you really have to be a slightly drunk altar boy to believe it for a second ... And yet, however rude it may be, the trick works - especially among "intellectuals".

But the technical administration of Capital is itself almost entirely de-empowered since it is supposed to be - and indeed is - a *slave* in the general industrial organization, and its objectives are reduced to those of any administration, namely to ensure that everything is running smoothly and in the most efficient way possible.

All in all, we see that the most astonishing thing in the world, would be that the capitalist production mode could ever conceive or take into account the reverse side of its reduction of the Real to the represented, which henceforth manifests itself with frequency and assiduity in the form of industrial disasters as well as climatic and ecological disasters.

After this brief foray into the world of production relations, intended to show that Realism, that is to say the reduction of human perception to the representations required at the time of exchange, has long been insinuated in all authorized production forms, we see that the core of the mechanism, is this convention where the parties agree in a contract, and at the heart of which the thing sold or exchanged, is reduced to what these stakeholders know of it.

In short, the thing that is sold must be reduced and is effectively reduced to a *convention*, in other words to a *representation*. Which is another way of saying that the movement of exchange consists in *a destruction of perception in favor of representation*. A representation, that is to say a memory, and therefore something dead which takes hold of the living in order to make it disappear or more exactly to liquidate it, to turn it into cash.

Hence is the summit of Realism effectively reached - as the vulgar spontaneously expresses it, but not without justice - in money which *represents* everything. And whose movement consists, in acts as in their effects, in a total submission to representation. So that, normal people rightly consider as a *Realist* someone who is able to take a green banknote as an equivalent of a bunch of wild roses.

We have seen that, as Pierre Reverdy defines it, the poetic image does not represent anything. It is not a "thing", any more than it is the reminiscence or the phantom of a "thing", but a movement, an event of the mind which restores, evokes or invokes, the fabric of relations that "things" maintain beyond our knowledge and beyond our awareness. A fabric which is nothing else than their "spirit". A "spirit" which, in fact, constitutes them, and which denotes in negative, the falsehood of principle, and the irremediable incompleteness of the representations to which they had been reduced. A "spirit" which constitutes them as things, the value of which cannot be agreed upon, that is to say, that makes them *unsaleable*.

Can we get out of this stunted world of Realism? One might think so. Especially as the poetic image does not destroy the realistic image but jumps beyond it. The "things" that the exchange - commercial or not - had to truncate so that the exchange appeared to respect the equality of the stakeholders - this shadow of the ancient *gift / counter-gift* ethnological structure - these truncated things, inert, deprived of any roots, without branches or leaves, pass from the state of signified objects to the state of signifier objects and so become simple signs, beacons in the ocean of relations and processes, simple threads knotting the web of possibilities that they evoke, invoke, reveal or conceal.

Things, that the magic of poetry now makes enchanted again as much as they are enchanting, henceforth appear as provided with arms and legs, mobile, capable of all undulations, all whirlwinds and all fluences, that is to say of all indeterminacies.

Beyond Realism

The multi-millennial influence of Plato and of the other slavery thinkers made us separate the world into "concrete things" accessible to the senses and into "abstract things" only accessible to the mind, to one of its avatars or to one of its hypostases. This separation reflects of course the separation between "body" (slave, who executes orders, gets his hands dirty and reports) and "spirit" (master, who thinks, orders and who, between two refined pleasures, enjoys a fair rest). In the same way the perceptions being attributed to the body are bad, dirty, subject to illusions, wanderings and errors, while the thought of the master founded on firmly established, stable and assured representations can obviously not err in anything, since it is that of the master.

The biological truth - albeit still a little approximate - is obviously not of this order. *Perception thinks*, it *creates* forms or identifies forms in the Real which it has already developed or created. Likewise, *thought is perception* when it discovers links between already known forms or synthesizes new forms, hitherto un-conceived, from relations between known forms. Most of this living work is of course almost entirely unconscious, consciousness itself being only the perception of perception. Perception of the largely unconscious movement of the mind. Buddhists explain that, in addition to the usual senses, dedicated to perceiving outer "things", there is an additional sense specialized in perceiving the movements of the mind. The point of this Buddhist remark is to try to do away with the so-called mysteries of consciousness by highlighting the analogy between consciousness and perception. And deep down, Descartes when crying out "I think therefore I am" is doing nothing other than noticing that he is perceiving the movements of his mind. This observation by Descartes is not in itself an act of consciousness in the philosophical sense of the term, but much more exactly *an act of attention* to the perception of perception.

Moreover, posing the analogy that consciousness is a particular form of perception, we must recognize that the progress made – if any – is not so decisive because it is quite well known that we do not yet know very well what perception is. Simply before this Buddhist remark we were facing two problems, that of consciousness and that of perception, while once this Buddhist remark is made, we can suspect that we are facing perhaps only one. alone, which is that of *perception*.

But by thus analogically unifying consciousness and perception we have also gained something in return, which is that there is probably no fundamental difference between the so-called concrete things to which the perceptions

56

elaborated by our senses give us access, and the things that are said to be abstract to which the particular type of perception that we call consciousness gives us access.

All in all, nothing indicates that the concrete-abstract division has any meaning, except for the realist who, for his part, always considers that the Real "is obvious", that his own representations *are* the Real itself, and that conversely, the Real is restricted to his own particular "reality" as he has identified it, that is to say to the more or less organized set of *representations* which, literally, "are in the catalog" - or if one prefers another word, in the *lexicon*

But as soon as we abandon the abstract-concrete distinction, the forms resulting from external perceptions – i.e. resulting from the Real in movement – and the forms resulting from internal perceptions – i.e. originating from the mind in movement – may celebrate their reunion in a healthy equality. Thus, for example, the dream which hence becomes worthy of attention, on a par with all the "things" that Realism confined itself to take into account as parts of its own external "realities". And so, also snatches of unconscious thought that emerge here and there during our daydreams. A new world opens up and the activity of the mind becomes an aspect of the Real like any other, worthy of, if not an equal interest, at least comparable to the perceptual activity of our senses. So also forms which haunt our minds, and which we assemble – or rather which assemble within ourselves – to form "our" thoughts. And in fact, as soon as we abolish the distinction between concrete and abstract, when perceptions of the activity of the mind are being put on the same level as the perceptions of the activity of the outside world, we find ourselves *on surrealist ground*.

While - in fact - the poetic image, as properly said, the one from which the poems are woven, only connects forms resulting from external "realities", that is to say "sensitive forms", as soon as the illusory separation between concrete and abstract is abolished, other forms of relations can emerge connecting "realities" which are this time interior "things", things that are located in our brains, like ideas, models, or even scraps of theories which then come to connect and interweave according to ways which are not at all those logic, but those of *analogy*.

This happens in a similar way than the example of these analogies that the mathematician mind discovers, develops, specifies and then verifies (or not) between - for example - objects belonging to geometry and objects belonging to algebra, as also these analogies between Euclidean geometry and non-Euclidean geometries and which ultimately made it possible to found the latter ones.

The examples given by Henri Poincaré in chapter 3 of *Science et Methode* entitled *L'Invention Mathématique* – but Poincaré is far from being the only mathematician to have noted this – show that the movement of mathematical creation does not use in any way the sterile highways of logic, but the unforeseen paths of analogy.

It is highly probable that creation in the other sciences takes the same side roads as it does in mathematics, as Breton does more than suspect at the end of the first Manifesto of Surrealism. Except that not all scientists necessarily have taken the trouble to study their own path of thought as Poincaré, as well as others, and among the most notable of his colleagues, took care of doing. In mathematics, this awareness of the fundamental role of analogy has moreover been formalized in the Category Theory:

[https://fr.wikipedia.org/wiki/Th%C3%A9orie_des_cat%C3%A9gories]

As well as in some aspects of Algebraic Topology:

[https://fr.wikipedia.org/wiki/Topologie_alg%C3%A9brique]

We could also cite as an example the notes, observations, and especially the remarkable intuitions of Paul Valéry for example in *Monsieur Teste*, in *Mauvaises Pensées et Autres* and of course in his *Cahiers*, but in fact more or less everywhere in his work. We can say that Paul Valéry will have spent a notable part of his life *watching himself think*.

Nothing sheds more light on the movement of analogical thought – centered on relationships rather than things – than this phrase from Rimbaud:

"I stretched ropes from steeple to steeple; garlands from window-to-window, gold chains from star to star, and I dance ".

Rimbaud - Les Illuminations - 1886.

By the power of the poetic image, and the long-range threads of analogy, the human mind, freed from the slavery of Realism which kept it *submitted* to images, that is to say, *subjugated* to images, suddenly passes beyond this yoke and is brutally propelled *to the height of the images*, that is to say at the very heart of the flash of this new relationship, where things and realities are illuminated by each other. In other words, *beyond representation*. This, among other things, because the event occurring at that moment in the mind, *cannot be represented*.

The mind suddenly becomes aware of how deeply Realism, by posing that "*this* is *only that*", could be castrating, in this very simple sense where castration is what prevents from "making children", from spreading, from proliferating, according to Philippe Quéau's beautiful expression : "*the metaphor propagates*". The "A" term and the "B" term of the poetic image that both apparently lived their individual, separate, and uneventful existences, suddenly become inseparable – irreversibly and therefore *historically*. "The Earth is blue like an orange", and "Words make love".

And this is also what recent Physics reveals – that illustrated by Ilya Prigogine and a few others for

60

example. It emphasizes *processes* where the *particles are no longer indifferent to each others* like customers in a market, but begin to build together wide scale and strange relationships in which the whole is much more than an indifferent sum of the parts. This is called *emergence* where new properties appear which are not - and this radically - *not at all deductible from the properties of the parts*. As in the poetic image, there is suddenly an eruption of new properties. And even, beyond the surrealist proverb, it's not just words that make love.

And it is again this *non-separability* of the Universe that Alain Aspect's quantum physics experiment reveals to us in another way. At least, that's what physicists David Bohm and Basil Hiley seem to suggest, in the title of their book : *The Undivided Universe: An Ontological Interpretation of Quantum Theory.*

But there is another approach that allows us to escape Realism, and that is, to *abandon representations for perceptions*. The sciences of the mind have now confirmed what many observers had already noted, namely that, in most cases what our senses "claim" to perceive, is not the world, but a model, a simulation of the world by which *our brain reconstructs the world*, re-presents it. In other words, *we guess the world much more than we perceive it*. It is only when this simulation appears as inconsistent, as incompatible with what our senses otherwise present to us, that our sense organs, as well as our perception of perception, our awareness, get fully reactivated. Erwin

Schrödinger in his book *What is Life?* thought that consciousness resided precisely in *this,* in this *attention* activated by *the difference between the simulated world and the perceived world.*

One of the most attentive and above all the most passionate observers of perception was probably Victor Hugo, but this only became fully apparent recently through the study carried out by Annie Le Brun on the occasion of the exhibition *Les Arcs-en-Ciel du noir* held in Hugo's parisian flat.

[https://www.maisonsvictorhugo.paris.fr/fr/expositions/les-arcs-en-ciel-du-noir]

which presented the graphic works of Victor Hugo and the texts of his work that could be associated with them. In the book she dedicated to this exhibition, Annie Le Brun analyzes Hugo's intellectual movement as reflected in his drawings as well as in some of his texts.

> "As if Victor Hugo was going back over the course of the image to see what it is made of and where it comes from. I believe that never has a diver gone so far, without ever being back, overcome by the intoxication of the depths ".

Annie Le Brun P 116

In a way, concern for form is obviously that of every artist. But for all that, not all of them were concerned with the genesis of forms to the degree of intensity and acuity in the expression as it has been the case for Victor Hugo, and also as we will see later for Roberto Matta and in some texts by Asger Jorn.

Annie Le Brun illustrates Hugo's movement of thought from the indelible experience that Hugo went through when Arago invited to look at the Moon through the telescope of the Paris Observatory. Hugo was obviously strongly impressed:

"The visibility increased, we do not know which trees branched out, compartments appeared in this lividity, the pale next to the black, vague elusive threads marked in what I had before my eyes, regions and areas as if we saw borders in a dream ".

Annie Le Brun P 112.

What is extraordinary here, is the slow progression of the process by which Hugo manages to identify forms, "as if one sees borders in a dream". This point is very interesting in that it surreptitiously suggests that at the very least, the dream has something to do with the perception of "boundaries", that is, with one aspect of forms.

Hugo's vision then becomes clearer, helped here and there by Arago's remarks:

"The lightning made an encounter, something like a peak perhaps, and collided with it, a sort of fiery serpent took shape in this darkness, rolled in a circle and remained motionless; it was a crater that appeared. At some distance, another lightning, another light snake, another circle; second crater. The first is the Messala volcano, Arago told me; the second is the Promontorium Somnii. Then successively shone, like the crowns of flame that the shadow carries, like the embers of the well of the abyss, Mount Proclus, Mount Cleomedes, Mount Petcevius, these Vesuvius and these Etnas from above; then a tumultuous purple ran to the darkest of this prodigious horizon, an indentation of hot coals bristled, and fixed itself, no longer moving, terrible. It's a chain of Lunar Alps, Arago told me. "

Annie Le Brun P 113.

This, until, by the ancient magical virtue of the *names* given by Arago, – names supposed from all human eternity to give power over things – and finally this comforting Arago's expression of "Lunar Alps", Hugo's mind returned to *reality* - that is to say back to *convention*, since after all "we know very well what the Alps are". To reality, but by no means to the Real.

Yet, you don't do the trick of "names" to a magician of Hugo's stature. Despite Arago's naive attempts to calm the perceptual storm he has just unleashed in Hugo's mind, Hugo not only saw the same things as Galileo, Cyrano de Bergerac and Giordano Bruno – namely the evidence of *the plurality of worlds*. But he has seen much worse ...

"You have the vertigo of this suspension of a universe in a vacuum. We too are like that, in the air. Yes, that thing is. It seems that it is looking at you [...]. The silence increases the horror. Sacred horror. It is strange to see such a thing and not hear any noise. "

Annie Le Brun P 113.

What strikes Hugo is not that the Moon looks like the Earth - which one might suspect he was somewhat aware of - but quite the opposite. Where Galileo, Cyrano de Bergerac and Giordano Bruno – and Arago and so many others – seized with some kind of panic, take refuge under the skirts of

Realism by clinging to the observation that the Moon resembles the Earth - that is to say to the comforting idea of the "plurality of worlds" - Hugo, jumps with both feet into the very heart of this painting that Matta named *Point d'Appui*, (Eng. Fulcrum) a title which is obviously a play on words pointing out the fact there is precisely no "fulcrum" for the human mind. Not corner stone.

The Earth and the Moon are therefore *suspended*, but to what? To nothing, Hugo said finally, *except to the mind.*

> "This peak of dreams is under the skull of any poet like the mountain under the sky".

Annie Le Brun P 113

> "Whoever you are, you have within you an eye fixed on the Unknown, and that infinity engulfs under its radiance. Infinity in all directions rises above your head, and widens and intersects and blossoms and blazes and rises and begins again and rises again, prodigious shower of facts from the abyss ".

Annie Le Brun P 114

So that, finally, Hugo draws the cosmic conclusions that seem to him to be logical as regards the nature of light ...

> "The night ... is the clean and normal state of the special creation of which we are a part. The day, brief in duration as in space, is only a star proxImlty. "

Annie Le Brun P 114.

And beyond that, Hugo draws some conclusions as to the nature of the universe itself ...

"The bottomless and the boundless, all the points of the infinite dilated themselves into as many infinities, the possible sinking of thought in all directions beyond everything, the place and the thing linking together and renewing themselves forever in the visible and in the invisible, the endless ether, the space of the prodigy. And in this immensity, imagine this network: orbits of suns linked by ellipses of comets; comets thrown like moorings from one nebula to another. Add the speeds and blazes, stars racing thunder. Abyss, abyss, abyss. This is the world. "

Annie Le Brun P 117

And similarly as to the nature of perception and thought...

"The deeper the thought, the more vivid the expression. The color comes out of the darkness. The life of the abyss is unheard of; the central fire makes the volcano, the volcano produces the lava, the lava generates the oxide, the oxide seeks, meets and fertilizes the root, the root creates the flower; so that, on the whole, the rose comes from the flame. Likewise the image comes from the idea. The work of the abyss is done in the brain of the genius. The idea, abstraction in the poet, is dazzling and reality in the poem. What a shadow is the interior of the earth! What a tingling is the surface! Without this shadow, you wouldn't have this tingling. This vegetation of images and forms has roots in all mysteries. These flowers prove the depth. "

Annie Le Brun P 117.

It is really remarkable that Hugo manages to express what hardly anyone sees, perceives or even imagines, and which is *the activity of the universe* **within** *living things* and more particularly within men. Realism convinced men that they were something like *a more or less opaque inside which can only exist by opposing an always more or less hostile outside* .

The beginning of a semblance of atheism or even more simply of a basic acceptance of biological data would be to consider that the universe acts just as much within us as it does outside of us. Claude Bernard already considered the digestive tract as one of the external borders of the human body, as is also the case of course as regards our lungs. From where it immediately follows that *the universe passes through us.*

Duchamp also criticized this crude opposition between inside and outside in several of his works such as, for example, *Objet Dard, Coin de Chasteté, Feuille de Vigne Femelle,* the *"Couvertures-Cigarettes"* part of Georges Hugnet's book *La Septième Face du Dé* or even more subtly in his ideas about the notion of *Infra-Mince* (which is actually not far from the Fractals idea). But apparently no one ever cared to take it into account, so that we are left with R. Mutt's famous work and with the Ready-Made but hardly anything beyond this elementary level. And the opaque statue of the Commander that Realism had installed with us remained... a block of marble. And yet, as we see, Hugo already knew better.

A little further, a remark by Annie Le Brun highlights the community of movement of mind between Hugo and Valéry which, as I suggested above, spent a large part of his life watching himself thinking:

> "We have the impression that from one text to another, from one book to another, from one genre to another, Victor Hugo does everything in his power to watch his thinking work. That is to say to see how the form emerges from the depths of darkness, while continuing to belong to them. And with the certainty that his thought then participates in the cosmos, [...] "

Annie Le Brun P 114.

A movement of thought of Hugo and Valéry which is also the very heart of the project described by Breton in the first *Manifeste du Surréalisme*, to which we know that reading Valéry's *Monsieur Teste* is no stranger.

Leaving the fascination for representations for *nascent perceptions* and – for one does not go without the other – for their *dynamics*, such was also Matta's project in what he called *Psychological Morphologies*.

The first and perhaps one of the most fundamental of Matta's remarks, in the sense that it calls into question one of the most worn-out representations there is, namely that of space, joins the modern view of geometry such as it had been developed by mathematicians at the end of the 19th century and at the beginning of the 20th century. A vision summarized in particular in a relatively intuitive form by Henri Poincaré in *Dernières pensées - L'espace et ses 3 dimensions*. A remark from Matta whose brevity is matched only by the magnitude of its consequences:

You can't find space, you always have to build it.

Matta - Notebook 1943 - 217

Space, which until now was essentially conceived of as a *given*, is thus transformed into an *activity*.

The possible space = the possible gestures. Space and gesture as a diagram where any line that could occur becomes logical - has become derivable

Matta - Notebook 1943 - 270

This shift in vision is anything but a detail, since it takes us abruptly from a "cosmic" point of view - which still often remains that of physicists - to a properly *biological* point of view. Space in this biologically-driven point of view is what the living constructs, or rather *creates*, by its activity.

Locating an object simply means representing in yourself the movements that would be required to reach it; let me explain; it is not a question of representing the movements themselves in space, but only of representing the muscular sensations which accompany these movements and which do not suppose the prior existence of the notion of space.

Henri Poincaré - Space and its three dimensions. P292

Let us note in passing to what degree such a change of perspective confirms Marx's view that the question is not of interpreting the world, but of transforming it. We can say that this is new point of view about space is properly *a geometrization of Marx's point of view*. Space loses all kind of independent existence; It is no longer the receptacle of things, this neutral background from which forms stand out. It becomes the activity of the living itself. And this living activity now gives it form and structure.

The difference is important because the "old" space appeared only by its contents; whether it was the contents laying in it or the contents we put in it. It was the space of a display, of the shop window, the space of Realism, the space of *things*. In Matta's vision and in the "intuitive" version that Poincaré provides of it from a mathematical point of view, it is now a matter of a space for *doing*, a space for *action*. In this new kind of space, there is nothing left to contemplate. There is something to *make emerge*. It is no longer just a new space, it is *a space of the new*, a space of the possible, literally constituted by the links that are forged and constantly renewed between beings and things.

And I would even venture to say that this is a space of the probable too, a space where "the god Randomness, the only and real one" plays and is played out, as the Belgian surrealist Louis Scutenaire puts it. And it is of course on purpose that I am introducing the notion of the probable here, but not without rightness all the same, since the thought of the probable is in no way foreign to either Duchamp's or Matta's concerns.

How to understand chance, how to experience the possible of the impossible in your own body?

Matta - Matta Physics – 1940

Active description, statistical painting, calculation of the chances of the dialectic-real ...

Matta Notebook 1943 -215

On purpose, said I, because in a space which only exists through the activity of living things, the hazardous activity is also emerging – *both outside and inside* the "viewer" - of what we have been in the habit of very improperly naming *the Inert*, but of which quantum physics gives us a representation which takes much more of an incessant swarming of waves-particles than of the wise patience of inanimate objects, even if one wishes to provide them with "souls".

But perhaps am I exaggerating by dressing up the space with uncertainties and quantum hesitations in such a way. Perhaps am I going a little further than both Duchamp and Matta could not or wanted to go, since the thoughts - as well as the works - of both of them were primarily fed by meditations on Einstein's theory of relativity.

However, in a way – and this is quite strange after all – Duchamp, more often than not, maintains a rather *geometric* view of space-time. You don't ever get the impression that he really cares about what's going on in there. And if we follow a remark by Gabrielle Buffet, this is not a simple impression, nor even a personal tendency of Duchamp, but much more exactly a matter of *method*.

> The very material of his work is formed by a conscious elimination of everything which, ritually, constitutes and exalts the raison d'être of the Arts: of the Sensitive Self, of the Emotional Self, of the Remembrance Self

> Gabrielle Buffet - Excerp from Cahiers d'Art 1936, "L'Objet".

And Gabrielle Buffet goes on as follows:

> For him, it is no longer a question of breaking down the objective forms in a more or less logical way, of mixing the representative and dynamic elements of the subjects, but of creating from top to bottom another code of representative values, a new meaning of forms.

> Gabrielle Buffet - Ibidem

We can very well understand this search for indifference, this requirement to put aside "the representative and dynamic elements of the subjects" if we take into account the state of affairs in the arts at the time of Duchamp's initial intellectual training, that is to say *cubism* and the various "retinal" movements which had preceded cubism. And most particularly the founding rejection in a cubist salon, of one of Duchamp's paintings : *Nu descendant un escalier.* A rejection which, so to say *created* Duchamp.

But we can wonder if Duchamp's work is not based on *an aesthetic of the point of view*, starting with his desire to displace and go beyond cubist points

72

of view by integrating the dimension of *Time* into his work, then further with the *ready-mades* (which are nothing other than particular points of view) and so on, until the final climax of the "approximation démontable" of *Etant donnés* ... which is, literally as physically, nothing other than *the staging of a point of view*. This would make Duchamp a practitioner as well as a theorist of *perspective*. In short, an heir to the Renaissance period, with the exception that Duchamp's work is not aiming to reach any "realistic" perspective, nor a any "humanist" perspective, but a *generalized perspective* which attempts to include *all possible perspectives*.

And this is maybe the key to his perpetual search for *indifference*, in the sense that indifference is properly the absence of any particular point of view. Is it an abolition – a negation – or a step *beyond* all perspectives, or both, according to the Hegelian conception of *Aufhebung*? This would be to be studied and decided but also maybe it depends on the point of view.

Still, it seems reasonable to me to posit that the subject of a work by Duchamp does not lie in the work itself – in which there is really not much to see – but in what happens in the brain of the "viewer". In a somewhat pictorial way, we can say that the "canvas" on which Duchamp paints is the mind of the beholder.

It is not the right place here to defend such a global interpretation of Duchamp's work, which any connoisseur of his work will quickly realize that it is not totally improbable. Even if, by its very nature – and ironically enough – such an interpretation obviously allows all points of view, like Duchamp's work itself, about which – to say the least – we can say that a plenty of various points of view have been expressed.

The fact remains that if this hypothesis is in some way correct, then Duchamp, as "anartist" as he may have pretended to be, essentially remains an artist. An artist of the same lineage as the masters of the Renaissance who were as much technicians and scientists as they were artists. Thus Vinci, Della Francesca, Brunelleschi etc. Duchamp, who defined himself as an *"engineer of the lost time"* would then in no way be the prophet of the death of art – which it does not seem that he actually cared to claim to be – but the prophet of an extension of art, of its opening to fields hitherto unknown and therefore unexplored.

As I said above, there is something in Duchamp's approach which, despite everything he sincerely did to avoid it, predisposed his work to the many commodifications that have been made of it. This something is this central requirement, this *principle of indifference* mentioned by Gabrielle Buffet – and Duchamp himself. For the term *indifference* is very close to that of *equivalence*, which is notoriously found in the doctrines of the Collège de 'Pataphysique in the form of the Principe d'Équivalence. It is, to say the least, disturbing, if not suggestive enough, that the Collège de 'Pataphysique is one of the very few organizations of which Duchamp ever agreed to be a part. Of course, there is no doubt that Duchamp read Jarry with attention, as can be seen from the Duchampian idea of *La Pendule de Profil*, illustrated by a short story by Robert Lebel (accompanied by a drawing by Duchamp), and the origin of which is easy to find in a page of Jarry's *Faustroll*.

I am far from suggesting that the College could ever have nurtured the smallest mercantile aims, but it turns out that a principle of equivalence is also to be found at the very heart of the mechanisms of money. It is therefore no coincidence that a part of contemporary art has been able to take hold of Duchamp's work while ignoring (for instance) Matta's contributions. At the end of an evolution that Annie Le Brun was able to follow without too much difficulty in her book *Ce qui n'a pas de prix*, contemporary art, this "Pompier Art" of our time, has come to no longer express anything other than money itself, whether in its (spectacularly) criticism-oriented versions or in its much less criticism-oriented versions where the artist is little more than a kind of firm manager directing the realization of products of an impressive ridicule, in praise of the Wealthy who thereby prove that they can definitely afford doing just anything. Achievements hastily tied up in a theoretical "Duchamp-style" packaging, in which we see quite pitifully a few ersatz ideas wriggling, which we can easily locate a few light years *below* the level of Duchamp's thought.

But what matters to us here is the observation that among all the points of view that Duchamp has given us, one is missing and which is certainly not

75

the least: *the point of view of the living.*

Moreover - and it is easy enough to realize this - Duchamp's work is hardly populated or inhabited. It contains neither beings nor forms, with the notable exception, precisely, of points of view which, while being abstract, conceptual, are nonetheless *forms* – in the same way as *mathematical objects are forms too.* But these forms are localized in the very mental activity of the viewer.

Stemming from the same initial data as that of Duchamp (Relativity and multidimensional spaces), Matta's approach is however, in a way, the opposite of that of Duchamp because - says Matta:

> "We can only represent the Real in a state of constant transformation"

There is no doubt that Duchamp is at the origin of Matta as a painter, since Matta himself declares at the end of his life:

> Marcel made this painting in 1912. He arrived in Paris with the idea that he had discovered a formidable thing: the point was not to simply make a fixed, solid and closed geometry, but it was necessary to try to show the moment when something changes, we needed a geometry which takes the end, the passage and the Time. To make an architecture of time, of the moment when things change. That seemed to me as the open door to get into all this.
>
> Matta - MattABC in Intimatta, film by-Ramuntcho Matta.

Moreover Matta shares with Duchamp the same

76

taste for mathematics, as a means of broadening perceptions.

> Mathematics are the only medium that is able to talk about space in terms of several dimensions. The human eye is not able to hallucinate beyond the third dimension. But mathematical concepts can go a long way. And these are concepts where there are transparencies of dimensions that penetrate above each other, and we cannot say it in French, we can only say it in mathematics. Or in music.

> Matta - MattABC in Intimatta, film by-Ramuntcho Matta.

Etant donnés... this last work of Duchamp, the one on which he will have worked secretly until the end of his life ... is a trap that Duchamp sets for the viewer, and in which he shows to the viewer the incongruity of his position as a passive *voyeur* of a scene where everything should, in the opposite, incite him to take *action*. But Duchamp nevertheless remains more or less captivated by his own *aesthetics of the point of view* and remains in a way "outside" of the space that he reveals so well to us. Matta on the contrary refutes *the optics of the point of view* and places the human being (and more generally the living) at the very heart of space:

> We have to change the concept we are now using, the concept of "window with balcony ". The idea that we are here, and that the events are outside. In a scene. While we actually are the center of this bombardment. It's good to go looking, to open up, take note of how much these things are changing us, changing us.

> Matta - MattABC in Intimatta, film by-Ramuntcho Matta

Moreover, it seems to me that one would look in vain for anything *convulsive* in Duchamp's work, while in Matta's works and texts, rotations and pulsations abound (to say the least). A typical example of it may be found in this excerpt from a text where Matta tries to define what he means by *Psychological Morphologies*:

> Reality is the result of explosive convulsions which take shape in a pulsating and rotating environment subjected to rhythms.

Where Matta is very close to two notable Breton's sentences:

> Beauty will be CONVULSIVE or shall not be

Breton - Nadja, 1928

and :

> Convulsive beauty will be erotic-veiled, exploding-fixed, magical-circumstantial or shall not be.

Breton - L'Amour Fou, 1937

Breton and Matta were, as we can see, "made to get along", which we can also already read in Matta's "architectural" text : *Mathématique Sensible – Architecture du Temps*, published in 1938 in *Minotaure*. Even if it is indeed Duchamp who, in fact, lights the rockets of thought in Matta's mind, Matta's project is indeed the project of surrealism as expressed in the first Manifesto:

I was an architect, and I changed to make the architecture of the imagination.
Matta - MattABC in Intimatta, film by-Ramuntcho Matta.

Or more precisely :

I know the architectural drawings that were used to explain how to build a house. I apply this to the dimension of space that you might call spaces of thought. Spaces where we could represent how thought works. How it uses signs.

Matta - MattABC in Intimatta, film by-Ramuntcho Matta.

And although Matta is the inventor of the idea of the *Grands Transparents*, then taken up by Breton, the root idea actually predates both Matta and Breton, since Breton in a letter to Matta quotes a sentence by Novalis which is in fact very close to the idea of the Grands Transparents:

We live in an animal of which we are the parasites, the constitution of this animal determines ours and vice versa.

Novalis (letter from Breton to Matta)

Again a game between inside and outside where the outside of men is the inside if something else.

Unlike Duchamp's thought, which - curiously - one could almost qualify as architectural, Matta's thought is entirely focused on the genesis of forms and their evolution *in the mind*:

If you ask me what I am looking for, I will tell you that I am trying to discover the morphology of psychic processes. Or rather, I am

79

looking for a microscope to scrutinize the mind of man.

What he aims for is to *capture perceptions before they fossilize into representations ...*

Feel before words, feel the earth as you feel your body.

Matta - Matta Physics 1940

as well as their *dynamics* within the psyche, which he assigns to poetry both the power and the duty to account ...

The constellation of morphologies is the perspective in time, the only document of the passage of images that cannot be captured without waking up, a central attitude of the poetic act. A time will come when we will be aware of the perpetual and surprising transfigurations of images, dreams of broken mirrors.

We are therefore quite far from Reverdy's thought, from his definition of the poetic image, and from the beginnings of surrealism:

I refuse to accept that a juxtaposition of "received" images, however striking the effect of certain connections - collages - can really reflect what we feel in a given psychological situation. I want a morphology that doesn't stop at the silhouette, the skin of people and things. The image of a tree is not the mass of greenery grouped around the trunk which stands out with more or less precision and grace against a colored background. This image is really for us everything we know about the seed, the germination, the sudden blooming of the buds, the shade that the tree can provide, the image of infinite sadness that it presents when stripped on a winter day and moreover, all what the word "tree - can bring into the field of our

consciousness in term of emotional images, many of which have
nothing to do with the image of a tree, but which nevertheless
require the presence of this image to exist.

But that does not mean that we have in any way
strayed here from the objective assigned to
Surrealism by Breton in the first Manifesto as
regards the "real functioning of thought". However,
we went a little further... Because what happened
with Matta was that *space becomes something like
the matrix of possibilities:*

> Space has thus become something more than a void in which to
> wander, stained here and there with dangerous things and things
> which satisfy the appetite and which become a complete and closed
> stage in which the multiplicity of open and unerground actions in
> which man engages.

Matta - Notebook 1943 - 265

This is quite the opposite of the mechanical space
of this camera in front of which Matta once
expresses something that seems to be of the order
of a revolt:

> The machine... [the camera Matta speaks in front of] it makes a
> space which is an ideal space which is, so to speak, abstract.
> Whereas we, when we see space, we see it within us.

Matta - MattABC in Intimatta, film by-Ramuntcho Matta.

And so with Matta, space becomes a kind of *well of
wonders* where Matta's thought ventures far

beyond that of all previous painters ...

> If all noise already contains a meaning, automatism is the method of extracting order from disorder, from every situation of disorder, and not creating disorder.

Matta - Pompidou Center 1985exhibition Catalog. P 77

and where Matta sometimes anticipates, in surprising flashes, some of the discoveries in the sciences of the mind which show the capacities of neural networks, formal ones as well as natural ones, to extract order from the bosom of disorder.

And what remains most astonishing over a careful reading of the snippets of Matta's notes, are these visionary intuitions, like this other:

> *Space is granular, reality is a chance.* Localization, ordinal arithmetic. Economy of possibilities, fluctuation of a study, placing of renewable lines, mathematics for the dialectic of the Real.

Matta - Notebook 1943 -214

where we find some of the elements of quantum thinking: "reality is a chance" (both a chance, a probability and an opportunity as in English). And this same snippet is also close to the much more recent theoretical visions of Carlo Rovelli (one of the creators of Loop Quantum Gravity) as it states "space is granular".

If Matta is a painter, he is also much more than a painter ...

Imagination is to imagine things and reconstruct them as closely as possible to what we imagined. To do things with brushes and canvases. That's not what interests me. What interests me is how I can criticize the current state of this representation, of this translation.

Matta - MattABC in Intimatta, film by-Ramuntcho Matta

And "to criticize the current state of representation" was the reason for writing this book.

December 2021

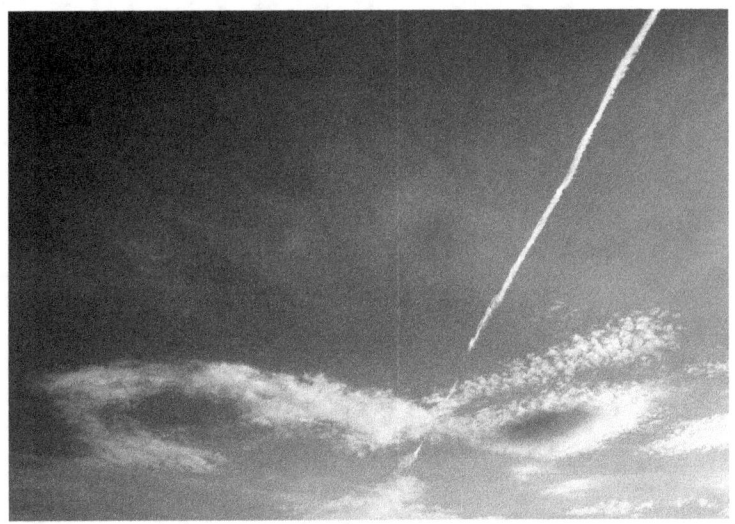

Photo : Zazie

Vivre à Hauteur des Images

Table des Matières

Introduction   89

Une image qui ne représente rien   98

Le Réalisme est un Réductionnisme   105

Les Choses à Vendre   116

L'Esprit des Choses   120

Les Choses Convenables   125

Au delà du Réalisme   132

Introduction

"Une image n'est pas une allégorie, n'est pas le symbole d'une chose
étrangère, mais le symbole d'elle-même" – Novalis

Vivre à hauteur des images – Vivre à hauteur des
images et non *dessous* – c'est à dire soumis à leur
pouvoir. Projet qui n'est évidemment possible qu'à
hauteur de poètes. Mais cela ne suffit pas, parce
que la poésie et les (beaux) arts restent soumis à
l'influence inconsciente, structurelle, permanente
et immense de Platon et d'Aristote c'est à dire
soumis à une pensée essentiellement esclavagiste,
depuis l'intérieur de laquelle on peut pourtant tenir
pour acquis que le Surréalisme sera du moins
parvenu à anéantir un instant les séparations entre
les arts et la poésie.

Cette pensée esclavagiste s'est propagée au champ
entier de la culture et y continue son travail de
boucherie intellectuelle consistant à continuer de
découper ce que le Moyen Age appelait Ars, et qui
recouvrait à peu près toutes les activités humaines,
en Artes Liberales (Arts libéraux) c'est à dire les
arts du pouvoir, les arts de la domination, arts
nobles et libres et Artes Mechanicae (Arts
mécaniques) c'est à dire les techniques
d'exécutions, serviles, ignobles.

De manière plus précise, les 7 *arts libéraux* se décomposent d'une part en un Trivium, terme qui, en latin, signifie les trois chemins ou « les trois matières d'études », et qui concerne essentiellement *le pouvoir de la langue* (i.e. expression, raisonnement, persuasion et séduction) ainsi qu'un premier niveau de maîtrise des lettres. Le Trivium se divise ainsi en : grammaire, dialectique et rhétorique. Et d'autre part en un Quadrivium, soit les quatre chemins ou quatre voies au-delà du Trivium, qui se rapporte *au pouvoir des nombres* et à un un premier niveau de maîtrise des sciences ou disciplines mathématisables. Le Quadrivium se compose de l'arithmétique, de la musique, de la géométrie et de l'astronomie.

Quant aux 7 arts mécaniques, ils comprennent : la fabrication de la laine, l'armement, la navigation, l'agriculture, la chasse, la médecine et le théâtre. (Hugues de Saint-Victor, 1125)

En finir avec cette séparation qui insinue, justifie, prolonge, institue, et finalement reproduit et perpétue l'inégalité entre les hommes jusqu'au cœur de la pensée et de la créativité, correspondrait donc à une abolition de l'esclavage dans le domaine de la culture, c'est à dire à la suppression de la distinction entre les Arts Libéraux et les Arts Mécaniques et à utiliser le mot Ars pour désigner l'ensemble des Sciences, des Techniques, des Beaux Arts et des Arts du Langage (Poésie et Littérature). Autrement dit cela correspondrait à l'adoption d'un point de vue *encyclopédiste*, au sens du **Dictionnaire raisonné**

des sciences, des arts et des métiers dont on se souvient que la réalisation fut animée par Diderot et d'Alembert.

Pas plus aujourd'hui qu'à l'époque de l'Encyclopédie, cela ne semble aller sans difficultés. Étrangement au XXIe siècle, toute orientation d'esprit encyclopédiste se heurte à des oppositions qui ne semblent pas moindres que celles que rencontra au siècle des Lumières le *Dictionnaire raisonné des sciences, des arts et des métiers.* Quoique l'opposition de l'Église ne semble plus trop à craindre, l'esprit de clocher en revanche fait rage et quant aux Jésuites, on pourrait songer qu'ils aient disparu, mais peut-être n'ont-ils que changé de robe... Ce n'est pas que le siècle soit obscurantiste. C'est que « par mesure d'économie, nous avons éteint les Lumières au bout du tunnel ».

Et on voit donc la coterie des artistes, des poètes et des littérateurs faire profession de mépriser et même de haïr les sciences et les techniques, et d'autre part les scientifiques mépriser les artistes, les philosophes, les littérateurs, les poètes, leurs efforts, leurs pompes et leurs œuvres comme pures fumisteries, et enfin la meute obscure des techniciens ignorer tout ce qu'ils peuvent – jusqu'au trouble manège où s'exténuent leurs « managers ».

Du côté du "grand public" et des partis politiques, l'atmosphère générale n'est guère meilleure depuis que tout un chacun, sous la houlette bien informée des journalistes, est devenu plus ou moins « écologiste » – bien qu'ignorant le début du commencement de ce dont traite la science nommée Écologie. D'ailleurs, dans le public, est-il encore question de science ? Ne parlons même pas de la technique qui est ou bien « High Tech » – dans les catalogues – ou bien refoulée, invisible, inexistante, depuis longtemps bien plus obscène qu'un sexe ou qu'une paire de fesses.

S'il est encore question de sciences et de techniques, ce n'est généralement que pour honnir l'une et l'autre, autrefois prétendument prodigues de monts et de merveilles, aujourd'hui de démons exclusivement. La démonologie est désormais hautement techno. Les bureaucrates s'appellent désormais technocrates, et la science s'appelle technoscience... Par un animisme de haut vol et du meilleur aloi, le « système technicien » affirme-t-on, se développerait tout seul sans que les maîtres du monde – qui en sont pourtant les *propriétaires* – y soient pour rien. Responsables, nous ? Vous n'y songez pas. La responsabilité ne se dilue même plus, elle s'évapore. Le monde se couvre partout d'un liquide gluant, visqueux et prétendument incompréhensible parce que technique. On attend impatiemment l'arrivée d'exorcistes dont Rome vient justement d'augmenter les effectifs. Bref chacun prêche pour sa paroisse, pour sa paresse, et se fait gloire d'ignorer quiconque n'est pas de son métier, de sorte que le seul au-delà de tant de clochers en querelles, et de fait la seule chose qui progresse dans ce siècle, c'est le religieux – et les fanatismes qui toujours l'accompagnent.

Désormais éduquée, l'ignorance marche d'un pas alerte sans plus alerter quiconque. Avant elle se savait, maintenant elle s'ignore. Dans les siècles obscurs, la populace ignare se connaissait ignare, et sagement, pensait comme on lui disait ou plus sagement encore, ne pensait pas du tout. Dans notre siècle d'éclairage nocturne généralisé, l'ignorance, cultivée à grands frais, s'est faite arrogante, péremptoire. A l'image de l'esprit de Dieu aux aurores du monde, planant au dessus des eaux et des abîmes du Réel, elle pérore, elle a son opinion et sait quoi en penser.

De quoi ? C'est une toute autre histoire. De ce dont les journalistes ont décidé de parler dans des flashs d'informations – couvrant vivement l'actualité mondiale à la vitesse de croisière de 30 secondes par milliard d'êtres humains – heureusement complétés par les débats des experts ordinaires et extraordinaires dont les opinions supposées opposées s'exposent en un touchant commun accord, et par les homélies d'éditorialistes prestigieux – puisque toujours les mêmes – qui expriment sans faillir l'opinion véritable du peuple – absent. Silence les ouailles, on décrypte ! Les curés ont donc fait place aux journalistes ; le folklore y a beaucoup perdu, les profondeurs théologiques aussi.

Pour autant, le ciel reste le ciel. L'innovation se fait chaque jour plus nouvelle. Le changement s'avance, invisible, sous le couvert du voile impénétrable de la continuité. La fin de l'histoire disparaît sans vergogne sous le choc des civilisations et les malins sont ceux qui savent à point « changer de logiciel ». Les plus désespérés, les plus lucides aussi, s'égarent à la recherche d'intelligences ~~extra~~terrestres.

Afin que chacun se résigne à cette pulvérisation de la culture, on raconte que la spécialisation serait responsable de cette situation. La vaste forêt des arts, des sciences et des techniques serait devenue si touffue qu'elle cacherait désormais jusqu'à cet arbre dont l'aimable courtoisie nous cachait autrefois à propos la dite forêt. Autre façon de dire que personne ne sait plus, ni d'ailleurs ne se hasarde à, distinguer l'essentiel de l'accessoire, ni ce qui est central de l'anecdotique, pas plus que la voie royale ne se distingue des fondrières et la sagesse de l'époque requiert donc d'accepter que le monde ne soit plus rien qu'un tas. Il faut absolument se tenir l'esprit à jour et comprendre qu'il n'y a plus rien comprendre. Qu'il n'y a plus rien à lire dans le grand livre du monde que l'ouvrage des hommes aurait désormais rendu définitivement inintelligible. « Shut up and calculate » comme a pu le dire un physicien quantique particulièrement éclairé à ses jeunes ouailles – oncle ou cousin probable d'un « trader » londonien.

Primate entre les primates, l'espèce humaine serait donc parvenue à mettre le monde dans l'état où le propriétaire d'un ouistiti échappé de sa cage aimerait ne pas retrouver son appartement après quelques jours d'absence. Le charcutage intellectuel du vieux Platon aurait fait d'innombrables petits, et des arts et métiers, fait les arts émiettés, comme de l'Anthropos mis en scène, l'Anthropocène.

Personne ne semble s'être avisé que l'ignorance présente puisse n'être que le résultat d'un calcul – conscient ou inconscient, il n'importe – destiné à restreindre la diffusion des connaissances aux parties de la société où elle est strictement indispensable, dont plus particulièrement la production. Conçue en vue de séduire la royauté et la noblesse et susciter leur adhésion enthousiaste aux merveilles de l'industrie, l'Encyclopédie avait atteint son but ; le roi même ajustait son esprit aux arcanes des serrures.

L'affaire étant dans le sac, il était temps d'éteindre les Lumières de crainte qu'elles ne fassent trop long feu. L'éclairage public brusquement prodigué par l'Encyclopédie sur les méthodes de la production de son époque a donc pris fin. Et qui n'avait pas le besoin d'en connaître n'en a plus rien su. Par une de ces vengeances retorses de la logique, les hommes, désormais maintenus dans une saine ignorance de la manière dont on produisait leur monde, s'y sont sentis de plus en plus étrangers. Aliénés, a-t-on assez justement dit, quoique sans asile qui vaille à mesure que les produits de l'industrie et les douceurs du commerce se répandaient partout parmi les hommes, au dehors comme au dedans – jusque dans leurs poumons.

Mais ce qui fait toute la beauté de l'aliénation c'est

le bonheur qu'y trouvent les aliénés eux-mêmes. Passées les Lumières et la prise de pouvoir définitive du Capitalisme, la ré-instauration de la séparation entre choses concrètes et salissantes d'une part, et choses intellectuelles et abstraites (dont l'habileté dans le maniement du tiroir caisse) d'autre part, permettait donc de s'allier les détenteurs de la parole, autrement dit les intellectuels, en leur garantissant que bien ou mal rétribués, ils resteraient toujours au dessus du panier. En les maintenant éloignés du monde répugnant des sciences et des techniques on s'assurait que, privés de toute intelligence quant à la production de leur propre vie, ils se trouveraient contraints de perpétuer l'exploitation afin que d'autres soient forcés d'y pourvoir à leur place.

Ce n'est donc pas par un goût particulier de la trahison que les révolutionnaires se changent immanquablement en bureaucrates, mais bien plus simplement parce qu'ils n'ont pas le choix. Aucun d'entre eux ne s'étant jamais avéré très convaincant dans l'art subtil et redoutable de planter les choux, leur premier soin reste de s'assurer que d'autres le feront à leur place. Quant au reste, notons que quand Voltaire écrit « il faut cultiver notre jardin », ce n'est là qu'une image, ce dont il s'agit réellement, ce n'est nullement de cultiver les légumes, mais bien plutôt de « faire du blé ».

L'esprit encyclopédiste s'étant acquis quelques lettres de noblesse en matière de révolution, on se propose ici non pas seulement d'y revenir mais bien de le pousser à quelques extrémités.

La radicalité consistant à prendre les choses à la racine, elle conseille de mieux prendre en compte la source dont sourd tout ce qui nous environne et qui est « *le fonctionnement réel de la pensée* ».

Une image qui ne représente rien

Le mot représentation, si l'on se fie à son mode de construction, consiste à re-présenter c'est à dire à présenter à nouveau, « au moyen d'une image, d'une figure, d'un signe » – dit-on – quelque chose qui s'est donc déjà présenté, qui a été présent et que sa re-présentation prétend rendre à nouveau présent.

On peut condenser la liste « une image, une figure, d'un signe » en remarquant qu'une figure est une image et que, au moins pour ce qui concerne l'écrit, un signe et un assemblage de signes sont encore des images. Car c'est bien ainsi que commence l'écriture... Par des assemblages de petits dessins. Qui finissent par évoluer en rébus, puis dans les alphabets en purs signes conventionnels. A bien y regarder, en fait, *l'écriture n'est rien d'autre qu'un collage*. Un collage construit sur la base de quelques règles certes, mais dont le fonctionnement effectif est identique à celui d'un collage surréaliste où le sens émerge au-dessus, au-delà, des représentations.

De sorte que tous ces termes associés au mot représentation font finalement référence au sens de la vue et que le terme d'image sans le langage courant est presque équivalen à celui de représentation.

Ce qui consiste incidemment à réduire au silence la parole pourtant constituée, elle aussi, de signes, quoique sonores. On ne dit d'ailleurs pas de la parole qu'elle représente, mais plutôt qu'elle *évoque* ou qu'elle *invoque*. De même, d'autres sens, comme l'odorat, le goût ou le toucher *évoquent* plus qu'ils ne représentent. Une image re-présente quelque chose, mais une odeur ne représente pas une autre odeur, pas plus qu'un goût ne représente un autre goût. Et, comme le notait Duchamp, « on peut regarder voir, mais on ne peut pas entendre entendre » – ni sentir sentir, ni goûter goûter.

En outre, à la considérer avec un peu d'attention, l'expression **ceci** représente **cela** est assez surprenante, car pour que cela puisse être re-présenté, il a d'abord fallu que le Réel se présente, qu'il se soit rendu présent, bref qu'il soit advenu. La re-présentation est donc une remémoration, un acte de mémoire. Et certes la mémoire re-présente, elle rend à nouveau présent, c'est même semble-t-il l'essence de ce qu'elle fait. D'ailleurs lorsque par hasard elle cesse de le faire, la langue française appelle ça un *trou de mémoire*, ou un oubli. Et à qui est affligé d'un trou de mémoire ou d'un oubli, il est certes difficile d'identifier ce que l'un ou l'autre re-présentent.

Vient ensuite la question de savoir ce qui se trouve ainsi mémorisé avant d'être re-présenté. Serait-ce le Réel lui même ? C'est douteux car rien n'est plus fugace que ce *présent* où se présente le Réel. Un Réel qui est fait d'occasions, de celles qui font le larron et qui ne se représenteront pas. Et qu'il serait donc aussi oiseux que fastidieux de mémoriser. En fait, ce que notre mémoire enregistre ce sont des *perceptions* et non pas certes le Réel lui-même... Qui jusqu'à nouvel ordre reste un énigme. De sorte que qui est re-présenté, ce n'est donc pas le Réel mais plutôt les perceptions que nous en avons eues.

La nature et le fonctionnement de la perception sont des problèmes difficiles, sur lesquels il faudra revenir, mais il est cependant certain que percevoir, c'est identifier des *formes* dans le Réel. Une opération qui nous semble naturelle, évidente, mais qui ne l'est pourtant guère ni biologiquement parlant, ni culturellement parlant, parce qu'elle dépend en réalité assez largement de la culture dans laquelle nous vivons. Notre culture identifie 7 couleurs dans l'arc en ciel, d'autres cultures peuvent en identifier moins ou au contraire davantage, mais quoi qu'on en décide ici ou ailleurs, nous avons appris que le spectre de la lumière visible est en réalité continu et que la manière dont les diverses cultures le segmentent en formes identifiables au sein de leur culture est en fait arbitraire.

Ainsi des nombres puisque certaines cultures ne semblent pas être en mesure de compter au-delà de cinq. Ainsi des neiges : les Inuits disposent d'un grand nombre de mots pour identifier les différentes qualités de neige, et s'ils sont capables d'en parler, c'est qu'ils les voient, qu'ils les distinguent, bien que nous en soyons, nous, incapables – sauf à les apprendre de la culture Inuit. D'ailleurs, cela vaut tout autant de nos perceptions internes, de la manière dont nous percevons notre corps et nos états mentaux. Les cultures fondées sur l'Hindouisme disposent d'un vocabulaire bien plus étendu que les cultures occidentales quant aux différents états de l'esprit, et à nouveau, si elles peuvent les discriminer, c'est que d'une manière ou d'une autre, elles les perçoivent. En d'autres termes, les formes que nous identifions dans le Réel sont pour une large part culturelles, c'est à dire *conventionnelles*.

Or, s'il se trouve que toute représentation est une image, une image poétique, – au sens de Pierre Reverdy – *n'est pas* une représentation. Car représenter, c'est prendre une position très particulière à l'égard du Réel. C'est en quelque sorte en tenir lieu, c'est donc s'en faire, le lieutenant. Par exemple, la lettre "A" tient lieu du son "a", mais elle n'est évidemment pas le son "a". La représentation repose sur une convention, c'est à dire sur une décision. Rien ne prédisposait la lettre "A" à représenter le son "a". La lettre "A" trouve son origine dans un signe plus ancien qui représentait la tête d'un bovidé. De même, la lettre "B" trouve son origine dans un signe plus ancien qui représentait une maison. N'importe quoi d'autre que la lettre "A" aurait pu faire l'affaire pour représenter le son "a". Il a fallu qu'il en soit décidé ainsi. Et telle un député, la lettre "A" s'est trouvée être élue. Par l'arbitraire du signe.

Qu'est-ce que l'image surréaliste ? Comme nous l'indique Magritte *ce n'est pas ce qu'il y a sur la toile. Ceci n'est pas une pipe.* Pas plus que mon texte n'est une pensée. Mais ce que dit Magritte en fait, ce n'est pas que cette représentation de pipe n'est pas une pipe. Ce qu'il dit n'a rien à voir ni avec la pipe ni avec quelque autre objet que ce soit. Il dit : « Attention je suis en train de créer un événement intellectuel en vous ! ». Et cet événement intellectuel ce n'est ni la pipe, ni la représentation de la pipe. Mais une invitation à penser ce qu'est la représentation. Chose qui n'a rien d'évident.

De même, à propos d'une copie au trait de *L'Origine du Monde* de Courbet à laquelle il avait ajouté un oiseau, Duchamp indique malicieusement : « Il est vraiment bizarre cet oiseau, et puis c'est un faucon, comme ça on voit le vrai et le faux ». Le jeu de mots n'est pas sur la toile, il surgit – ou non – dans l'esprit du spectateur, et c'est ce surgissement qui est le véritable sujet du tableau, et non pas ce qu'il y a sur la toile.

Max Ernst suggère la même chose lorsqu'il précise « Car si c'est la plume qui fait le plumage, ce n'est pas la colle qui fait le collage ». Tous trois s'accordent sur la définition de l'image poétique de Reverdy : « L'image est une création pure de l'esprit. Elle ne peut naître d'une comparaison mais du rapprochement de deux réalités plus ou moins éloignées. Plus les rapports des deux réalités rapprochés seront lointains et justes, plus l'image sera forte – plus elle aura de puissance émotive et de réalité poétique... etc. » [Revue Nord-Sud, mars 1918] qui exprime que l'image surréaliste est *un mouvement de l'esprit*, autrement dit un événement éminemment abstrait et radicalement au-delà, et hors de portée de toute représentation.

La fulgurance qui est au cœur de l'image poétique, si ténue qu'elle puisse parfois paraître, a ceci de quasi historique qu'elle ne se répète pas, ne se copie pas, même à l'âge de la reproduction industrielle, pour paraphraser Walter Benjamin. Il en résulte que, ou bien ce mouvement de l'esprit a lieu, ou bien il n'y a pas d'image poétique du tout. Ce que la définition de l'image que donne Pierre Reverdy requiert du poète comme de son lecteur c'est en quelque sorte le « saut quantique » qui consiste à passer des « réalités » brusquement connectées par l'image poétique à l'irruption mentale de leur relation, telle que l'image poétique non pas la dévoile, mais plus exactement *la crée*.

Ceci concerne d'abord « l'auteur » surréaliste qui comme le note André Breton dans le premier Manifeste du Surréalisme, étant entièrement soumis à la dictée de son inconscient, n'est en rien responsable de ce qui surgit sous sa plume et ne saurait donc être considéré comme une personne juridique. Mais cela concerne aussi bien le lecteur, ou plus précisément le « regardeur », terme employé par Duchamp pour mettre l'accent sur l'activité propre du regardeur « qui fait le tableau » tandis que le terme de spectateur suggère généralement davantage la passivité.

Les termes de l'image poétique peuvent bien être des images réalistes, c'est à dire des « réalités » comme l'indique l'emploi de ce terme par Reverdy, mais la nouvelle relation qu'établit entre elles l'image poétique qui, parce qu'elle révèle brusquement au moins l'un, mais peut-être même plusieurs, des aspects du tissu de relation que ces « réalités » entretenaient « secrètement », restitue soudain un peu de *l'esprit des choses.*

Le Réalisme est un Réductionnisme

De quelles « réalités » nous parle la définition de l'image poétique de Reverdy ? Bien que l'étymologie du verbe « poiein » suggère une acception originelle beaucoup plus large, et malgré les efforts du surréalisme pour dissoudre les séparations entre les arts et la poésie, il reste généralement *convenu* que la poésie est affaire de langage et de mots. De sorte que les « réalités » dont parle Reverdy sont de l'ordre de celles évoquées par les mots.

Évoquées donc et non pas représentées. La différence est d'importance. L'évocation donne le champ libre à l'imagination tandis que la représentation la contraint. Il est probable que chacun *lise, c'est à dire imagine* de manières largement différentes les « réalités » évoquées dans un roman. Dans un film tiré du même roman, le vin de l'imagination du réalisateur est tiré et image après image, bon ou mauvais, il faut le boire. C'est triste à dire, mais la plupart des œuvres cinématographiques se fondent sur des images réalistes, qui valent pour ce qu'elles représentent. Une image de chat est un chat, une image de tasse est une tasse, et une image de pipe est une pipe. Et il faut y croire ! Ou quitter la représentation... Inutile d'espérer le ricanement du fantôme de Magritte proférant « Ceci n'est pas une pipe » dans un coin de la salle. De même pour : « Je dis une rose, et aussitôt se lève l'absente de tous les bouquets »... Au cinéma, la rose de Mallarmé ne paraît jamais.

Là comme ailleurs, la *convention* en a décidé autrement. La littérature, c'est la narration, le récit, bref le roman, le roman et toujours le roman, point final. Le cinéma, c'est pour la plus large part encore cette même convention du récit, mais encore plus profondément conventionnelle puisque chaque image du récit n'y vaut que par ce qu'elle représente et qui est cela et pas autre chose.

Sournoisement le Réalisme impose la soumission, puis non moins sournoisement il la suppose, il la requiert, il la renforce, et à la fin, il y contraint. Le Réalisme, par construction, c'est toujours l'œil et la voix *d'un maître* et puis celle *du maître*.

Le Réalisme parle de vérité, de nature. Il se prétend adéquat aux choses. Car le *Réalisme croit qu'il y a des choses*. Des choses qui seraient là, dehors, dans le Réel, attendant en somme qu'on les « découvre ». La rouerie bourgeoise a eu tôt fait d'y trouver son intérêt, en installant le conte de la « découverte » scientifique (gratuite) opposée à « l'invention » technique (rétribuée). La découverte ne requérant évidemment aucune rémunération particulière puisqu'elle ne fait que dévoiler des « lois de la nature » pré-existantes tandis que l'invention technique étant une

« création » humaine doit, elle, être rétribuée et faire l'objet d'un brevet ou d'autres mesures législatives similaires.

Le Réalisme croit qu'il y a des choses, qui s'avèrent être en fait les héritières impies des idées de Platon, l'homme des cavernes et le célèbre illusionniste, inventeur du cinéma et de la « réalité virtuelle ». Inventeur surtout d'un art de couper les cheveux en quatre, d'une méthode de boucherie intellectuelle, où le monde se retrouve coupé en deux : temporel versus éternel, sensible versus intelligible, matériel versus spirituel, corps versus âme, etc. Tous habits différents d'une seule et même réalité : *esclaves versus maîtres*. Bref rien d'autre qu'une idéalisation de cette puanteur du monde Grec qui survit au coeur du nôtre : *l'esclavage*.

Et donc, le Réalisme veut des choses, définies, identifiées, préexistantes, indépendantes des choix perceptifs que doit opérer le vivant au sein du Réel afin de s'y accorder et d'y survivre. Mais, la biologie est têtue. Les choses de l'abeille, ne sont pas les choses de l'escargot, qui ne sont pas les choses de la paramécie, ni les choses des bactéries ou des virus... L'étude du lexique des langues humaines elle-même, montre que les choix faits par les différents groupes humains pour décrire le Réel peuvent différer considérablement quant à ce que leurs langues décident de prendre en compte ou non.

Un darwinisme conséquent doit admettre que *nos perceptions sont des productions de l'histoire évolutive du vivant tout entier* avec à fois la part de hasard, de variabilité intrinsèquement associée à toute histoire et la part d'adéquation elle même variable mais effective puisqu'elle permet au vivant de « persévérer dans l'être » comme a dit plaisamment quelqu'un. Pour autant, un darwiniste conséquent *n'est pas* un idéaliste philosophique, il ne croit nullement que le Réel soit une production du vivant, ou de la pensée ou du cerveau humain, mais bien ce qui, hors et au sein du vivant lui même, *oriente* ou pour le moins *contraint* l'évolution du vivant.

Car nous en savons désormais bien plus long que n'en savait Darwin... Nous connaissons désormais le Réel – l'Histoire en l'espèce – non seulement en tant que l'action externe et sélective du Temps sur le vivant, mais aussi comme *l'action interne et créatrice du Temps à l'intérieur même du vivant.* Action créatrice, mais aussi évidemment sélective comme nous l'enseigne l'embryologie où création et sélection darwiniennes s'entremêlent, et d'une certaine façon coopèrent, dans le processus de construction d'un nouvel être vivant comme le décrit (parmi d'autres) l'ouvrage de Jean-Claude Ameisen *La Sculpture du Vivant, le suicide cellulaire et la mort créatrice* ...

Quant à la vulgarité, prétendument darwinienne, mais naïvement capitaliste de la « loi de la jungle » et de la « lutte de tous contre tous », elle est si profondément enracinée qu'il a fallu que ce soit une femme qui fasse observer que le premier niveau, et de loin le plus fondamental de la sélection naturelle c'était de *parvenir à naître*, ce dont aucun homme ne s'était semble-t-il avisé.

La simple logique aurait voulu que, du vivant même de Darwin, au lieu de réduire la « sélection naturelle » à son aspect sélection on en soit venu à reconnaître cette évidence que, pour qu'il y ait sélection naturelle, il fallait qu'il y ait *création* de quelque chose à sélectionner sans quoi la sélection aurait depuis longtemps cessé faute de combattants dans la « lutte pour la vie ». Associé au processus de sélection naturelle, devait donc nécessairement exister un processus de *création naturelle*. Darwin lui-même en était plus que conscient qui parlait de *descendance avec modifications*, sans pouvoir désigner clairement à l'époque les sources de ces modifications. Dans les faits, ce qui s'est trouvé propagé en lieu et place de la théorie de l'évolution proposée par Darwin, ce sont des sottises du type « loi de la jungle » et « lutte de tous contre tous » – inspirées d'une théorie de la concurrence capitaliste absurde et évidemment fausse – qui sous prétexte d'optimisation de la « sélection naturelle » a abouti à des politiques d'éradication de populations entières déclarées « dégénérées », trop faibles ou, comme les Juifs et les Tziganes, franchement nuisibles.

La théorie de la concurrence capitaliste est fausse, même sur son propre terrain et dans son propre monde, parce qu'aucune entreprise ne peut fonctionner sans l'immense tissu des fournisseurs et des clients qui lui permettent de produire et de vendre. Dans les faits, le capitalisme fonctionne en créant des « écosystèmes » économiques ou en s'insérant à l'intérieur des « écosystèmes » économiques préexistants. Et c'est ce point qui est primordial et non la concurrence, parce que si une entreprise ne s'insère pas dans un « écosystème » économique préexistant, elle ne pourra pas être créée et n'existera donc pas. La concurrence entre entreprises inexistantes se réduisant à fort peu de chose, la théorie de la concurrence supposée mener le monde marchand est non seulement fausse mais absurde. Il s'agit, là encore, d'une expression du Réalisme, c'est à dire une convention à laquelle chacun est sommé de croire et de se conformer, quoiqu'elle ne résiste pas au moindre examen logique.

Le fondement du capitalisme n'est pas du tout la compétition, mais la collaboration et en fait, plutôt quelque chose de l'ordre d'une *symbiose*. Ce n'est que sur cette base collaborative complexe que la compétition peut s'exercer. Le prétendu Réalisme marchand est un réductionnisme qui tronque une réalité sociale et productive globale en la restreignant au seul point de vue de l'entrepreneur individuel strictement conduit par la *rivalité mimétique*. Il est d'ailleurs bien évident que la compétition n'a de sens qu'entre des entreprises qui proposent le même type de produit. Autrement dit, entre les *imitateurs* d'un créateur initial de ce type de produit.

Nous savons désormais que les processus de création naturelle existent et qu'ils sont beaucoup plus riches et complexes que ne le laissait entrevoir le concept de descendance avec modifications originellement invoqué par Darwin et celui de mutation aléatoire des gènes qui l'a remplacé par la suite. Nous savons que la création et la transmission de nouveautés d'ordre chimique, biologique ou écologique, se produit et se développe *au travers de la totalité du vivant*, lui-même considéré comme un unique système de création et de propagation d'innovations de tous ordres, dont les composantes – les individus et les espèces, les écosystèmes – sont interconnectées à de très nombreux niveaux, y compris en diagonale et transversalement. Nous avons appris par exemple que les virus transportent des gènes ou des morceaux de gènes et plus généralement des molécules potentiellement biologiquement actives d'une espèce à une autre. Et il en va de même des plasmides au sein du monde bactérien qui vivent et se reproduisent de manière largement autonome à l'intérieur des bactéries qu'ils colonisent, se transmettent d'une bactérie à une autre via cette forme de brassage des gènes qu'on appelle la conjugaison bactérienne, et avec eux des segments de matériel génétique induisant – par exemple – des formes de résistance à « nos » antibiotiques, ceci au hasard de leurs pérégrinations sein du *système global* que constitue l'ensemble des bactéries de la planète. Nous savons aussi que le matériel génétique nécessaire à la production d'une des protéines qui nous a permis de devenir des mammifères placentaires est d'origine virale.

Mais le Réalisme et l'ensemble de conventions qu'il construit et impose et qui le constituent n'est pas d'un darwinisme conséquent... Il ignore l'évolution biologique en gros comme en détail. Il refuse de prendre en compte le fait que c'est cette évolution qui a formé, configuré, adapté nos organes des sens et nos capacités cérébrales et qu'en conséquence nous ne percevons et ne concevons que ce que cette évolution biologique nous permet percevoir et de concevoir. L'Évolution n'étant rien d'autre que l'Histoire, constituée comme on sait de hasards au moins autant que de déterminismes, il y a donc très peu de raison de penser que le monde puisse, en quelque manière que ce soit, se réduire à ce que nous sommes en mesure d'en percevoir et d'en concevoir ou de nous en représenter.

Mais pour le Réalisme ni les perceptions ni les conceptions ne sont des problèmes. Elles sont toujours suffisamment exactes quant aux usages qu'il en a, à savoir *la production* et *l'échange*. Le Réalisme se cantonne donc à ce qui a trait aux représentations et la seule chose qui l'intéresse, c'est de savoir si deux représentations sont égales, c'est à dire si une représentation en *imite* convenablement bien une autre ou non.

Car ce que vise le Réalisme ce n'est pas le Réel, mais la *convention*. La convention qui, en posant qu'une chose est égale à une autre parce qu'elles admettent la même représentation permet la production industrielle et surtout constitue la base de la vente et de l'échange. Car l'échange doit paraître équitable pour que la vente soit conclue. Il faut que les parties en présence conviennent que les choses échangées sont équivalentes. Or cela n'est jamais vrai. Cela n'est possible que par un aveuglement volontaire des parties contractantes. Car chaque chose particulière est prise dans une histoire, un réseau de relations et de processus qui la constituent comme différente de tout autre, même considérée comme équivalente par convention.

On peut bien appeler un chat un chat, leurs représentations sont identiques et en termes d'échange, tout va pour le mieux. Sauf que l'un est affectueux et l'autre irascible. L'un se tend vers la main qui caresse tandis que l'autre n'est que griffes et dents – et en use. L'expression française « acheter (ou vendre) un chat dans un sac » témoigne assez clairement de l'opacité requise, de l'aveuglement nécessaire par lequel, préalablement à tout échange les choses doivent être réduites à une convention entre acheteur et vendeur. Et, à cette convention monstrueusement réductrice qui est la mère de la vente et de l'échange, et sur quoi le crédit se fonde, on est sommé de croire. Je n'y crois pas et je lâcherai toujours la foi pour l'ombre. Mais il me semble en revanche que c'est de ce crédit là que se fonde la monnaie.

Dans un univers presque exclusivement fondé sur le commerce, l'aveuglement volontaire constitutif de l'échange, qui se trouve reproduit des millions sinon des milliards de fois par minute, est depuis longtemps devenu comme une seconde nature, induisant une immense catastrophe dans le domaine des capacités perceptives et sensibles. Une catastrophe esthétique donc, au sens où l'esthétique est la culture de la sensibilité aux formes. Une catastrophe de l'intelligence aussi puisque l'intelligence est ce jeu avec les formes qui permet d'élaborer d'autres formes, de plus en plus

113

générales et de portée de plus en plus vaste.

Si l'on admet que la conscience n'est autre que *la perception de la perception*, puis la perception de la perception de la perception, etc. alors cette catastrophe de l'intelligence est aussi une immense extension de *l'inconscience.* Plus particulièrement et surtout, d'une inconscience de la perte considérable actuellement en cours en termes de perception, de sensibilité, de capacité à discriminer et au bout du compte, de toute subtilité dans les sensations comme dans les sentiments.

Cette croissance de l'inconscience reste, sourde, in-sue, car subreptice. Elle passe d'autant plus inaperçue qu'une large partie des processus de perception eux-mêmes se situent ou bien dans des mécanismes inconscients – inconscients car profondément enracinés biologiquement – ou bien à la lisière ténue et sans cesse en mouvement, où ces mécanismes émergent – ou non – à la conscience. Ce qui disparaît alors, c'est cette zone d'obscurité indécise, grise ou noire, d'où la poésie et l'art faisaient autrefois jaillir leurs éclairs.

Dans cet effondrement de la perception et de la sensibilité, où toutes choses sont devenues équivalentes, et tout est désormais indifférent – vivre ou mourir entre autres choses – l'anesthésie est générale. De sorte que pour se sentir un peu exister, la seule échappatoire, c'est *tuer.* Ainsi, il y a quelques années, à Nanterre, en banlieue parisienne, un homme armé a fait irruption dans l'Hôtel de Ville et a commencé à tirer sur le conseil municipal qui était à ce moment-là en pleine réunion, tuant un bon nombre de conseillers. Dans son journal, avant ce massacre, il explique que son but était de se sentir vivant au moins une fois dans sa vie (Cf. L'analyse de Bernard Stiegler sur ce point). Tuer ! Peu importe quoi : d'autres ou soi-même, c'est tout un. C'est le même mouvement, où se conjuguent la lâcheté d'une révolte par procuration déléguée à de quelconques sauveurs suprêmes, la haine des autres et surtout la haine et le mépris de soi-même, qui porte démocratiquement au pouvoir les extrême-droites et les dictatures en tant d'endroits du monde. Parvenu à son achèvement, le Réalisme est parvenu à réduire le Réel à sa propre réalité, c'est à dire *une pure fiction*.

Les Choses à Vendre

Imaginons un instant que ces « choses » sur quoi se fonde l'échange marchand ne soient plus ce que le Réalisme prétend qu'elles sont – selon des conventions que nous nous trouvons sommés d'accepter – mais qu'elles soient en fait, ce qu'elles sont beaucoup plus probablement, des processus dynamiques en interaction permanente au sein du contexte un peu plus général qu'on peut transitoirement dénommer Histoire Universelle.

– Monsieur le Représentant de Commerce, je voudrais acheter un réfrigérateur...

– Quelque chose comme ça, un modèle d'entrée de gamme ?

– Oui. Petit et pas trop cher...

– Celui-ci vaut xxx euros

– Mais c'est cher !

– Ah ! Non. Non. Pas du tout ! Car songez que pour ce prix là, vous avez bien plus qu'un réfrigérateur. Vous avez aussi un trou dans la couche d'ozone atmosphérique, un peu plus de gaz à effet de serre dans l'atmosphère, grâce à notre emballage à toute épreuve vous contribuez modestement à la formation de continents entiers de déchets de plastique, à l'abattage de quelques arbres pour fabriquer la palette de transport et la pâte à papier des prospectus publicitaires qui remplissent votre boite aux lettres, quelques traces de parcelles d'actions dans les mines de cuivre, 90 % d'e-mail en plus dans votre boite à lettres, des centaines de messages sur votre ligne téléphonique destinés à vous vendre des pompes à chaleur – que nous fabriquons aussi – un petit pourcentage (5 % à 10 % pas plus) pour l'ensemble de nos opérations de promotion, quelques minutes de guerre pour accéder au pétrole nécessaire au transport, quelques pages du milliard d'exemplaires du Coran wahhabite payés par les monarchies du Golfe, quelques bouts d'accidents de la route, etc. J'en oublie...

– C'est vrai ? Tout ça est dans cette chose là, dans ce réfrigérateur ?

– Ah ! Oui. Absolument

– Bon. Alors j'achète .

Chaque fois que le Réalisme parle de vérité, de nature et de naturel, évidemment, *il ment*. La carte n'est pas le territoire, le modèle n'est pas le Réel. La vérité est mobile tandis que le Réalisme n'est que gel, pétrification d'habitudes, et en fait, une énergie *fossile* comme une autre. Le Réel est ce qui nous surprend, ce qui nous excède – dans plusieurs sens du terme. La Réalité du Réalisme ne surprend guère que par la persévérance sans vergogne de ses mensonges.

Depuis le 14e siècle, autrement dit, depuis le tout début de la Renaissance italienne – au moins – la puissance et l'extension du Réalisme dans le monde n'ont fait que croître de manière littéralement explosive. On prétend que l'art s'est éloigné du Réalisme, mais cela ne vaut – et encore – que pour les « beaux » arts. Cela ne vaut que parce que l'on veut bien oublier que le mot Art désignait naguère toute l'industrie humaine.

Très simplement, ce qui était du domaine de l'aléatoire, du talent du maître, voire du miracle, ce qui marchait parfois et parfois pas, marche désormais à coup sûr, de manière répétable et industrielle. La représentation du réel fonctionne désormais à volonté. Le Réalisme a atteint son but. Presque. Ce qui contenait une part de talent et de chance s'est « démocratisé », mais bien plus exactement industrialisé en photographie, cinéma, télévision, « virtuel », etc. Et ces produits du Réalisme ont pris une extension considérable, ils sont partout. Aucun siècle n'a été jamais plus réaliste que le nôtre, et selon toute vraisemblance le prochain fera encore mieux. A la foire comme à la ville, à la ville comme à la campagne, *la représentation continue...* Et ce n'est pas pour rien que nos démocraties sont elles aussi *représentatives*.

Le Réalisme ne dit rien d'autre que « *ceci* n'est

que *cela* ». A l'instar du guerrier Jivaro, qui lui, ne réduit que des têtes, le Réalisme est donc essentiellement réductionniste, il réduit le Réel lui-même. C'est à dire que, par construction même, *il est le désenchantement du monde* en marche, qu'il évacue le Réel du monde qu'il construit. Comme l'avait bien vu Frédéric Nietzsche, à propos du peintre réaliste : « Le peintre réaliste prétend peindre le monde mais il n'en peint jamais en fait que ce qu'il sait en peindre ».

Il semble qu'on ne saisisse que rarement ce que pareille prétention a de vertigineusement *totalitaire*. Sous prétexte que le Réalisme est ancien, on oublie de le comparer à ce que nous désigne Orwell dans *1984*, mais qui avait commencé à se construire bien longtemps avant. Pourtant, dans sa prétention à décréter le vrai, l'évident, le tangible, le Réel, le Réalisme est en tous points semblable aux pires dictatures. On peut bien m'objecter qu'une dictature se doit d'être personnifiée, qu'à toute dictature, il faut un vrai dictateur, sanguinaire et cruel et obligatoirement moustachu (pour lever tous les doutes), et des souffrances, des injustices et des victimes. Allons ! Depuis quand la liberté s'identifierait-elle au confort ?

L'Esprit des Choses

Depuis des siècles, le Réalisme s'est lentement insinué dans chaque regard, dans chaque geste et finalement dans chaque pensée. Il est proprement devenu réflexe. Et c'est par pure politesse – ou plutôt pure hypocrisie – ethnologique qu'on feint de ne plus se scandaliser de l'étrange infirmité qui conduit les « primitifs » à ne pas voir le monde *comme il faut*. Faut-il qu'ils soient naïfs ces sauvages pour ne s'aventurer à ne réduire que des têtes ! Au lieu de procéder comme nous le faisons, nous, à la réduction massive, industrielle, du monde lui-même – têtes incluses – à ce que nous croyons en savoir.

On a dit que certains primitifs redoutaient la photographie parce qu'ils craignaient qu'elle ne capture leur *esprit*. Crainte légitime, dont il se rassurent assez vite après quelques expériences, qui leur confirment que décidément, *la photographie manque d'esprit* (« Objets inanimés avec vous dont une âme qui s'attache à notre âme et la force d'aimer »), ou plus exactement qu'*elle manque l'esprit*. Comme en ces lieux éloignés de toute civilisation, tout le monde n'a pas lu la fière devise de la République Française, le sens immédiat des « primitifs » de ce que l'égalité constitue l'une des caractéristiques biologiques fondamentales de l'espèce ne leur permet pas d'imaginer que le photographe lui-même soit, lui aussi, tout à fait *dépourvu d'esprit*. Comment imaginer en effet qu'un être humain puisse être dépourvu de la conscience qu'une chose ne saurait exister hors du tissu de relations dynamiques qui, scientifiquement pourtant, la constituent ?

Car *l'esprit* – ou si l'on veut *l'âme* – c'est ce qui ne se voit pas, ne se touche pas, ne se flaire pas, ne se goûte pas ne s'entend pas, mais qui pourtant existe, se perçoit d'autre manière, et se constate expérimentalement à tout le moins par ses effets. L'âme, c'est cette « anima » qui anime.

L'âme est « ce qui se meut soi-même » dit Platon toujours enclin à en dire plus qu'on n'en sait réellement. Aristote, à la fois plus prudent et plus précis désigne l'âme comme « cause du mouvement vital chez les vivants ». Si l'on traduit la définition d'Aristote en termes modernes, la cause du mouvement vital chez les vivants n'a rien de la substance simple qu'Aristote imagine. Il s'agit d'un processus complexe de transformation – c'est à dire de changement de forme – de l'*énergie*, qui s'appelle désormais communément le *métabolisme*. De l'énergie elle-même, on ne sait pas grand-chose au-delà du fait que l'on sait la mesurer et de sa capacité de changer de forme (la matière étant comme on sait l'une de ces formes). Mais de l'énergie, on sait tout de même cette chose importante, à savoir qu'à travers ses métamorphoses, l'énergie est toujours conservée.

En dépit des fables des journalistes le premier principe de la thermodynamique, c'est à dire d'une des lois les plus fondamentales de la Physique, interdit d'économiser l'énergie s'entête à déclarer que *l'énergie se conserve*. Autrement dit il n'existe aucune expérience connue qui ait jamais permis de créer, de produire ou de détruire de l'énergie. Et encore moins de *l'économiser.* Mais nous vivons dans un monde où, lorsque les lois de la Physique s'opposent à celle de l'Economie, on corrige aussitôt les lois de la Physique.

Les Grecs, s'ils avaient clairement identifié l'âme à l'énergie, auraient donc eu quelques raisons de penser que l'âme est en effet immortelle puisqu'en toutes les circonstances connues, il s'avère que l'énergie est conservée. C'est à dire qu'elle ne se perd ni ne se crée, mais qu'elle se transforme. Comme nous ne savons pas dire grand-chose de l'énergie au-delà des métamorphoses par lesquelles elle se manifeste, la seule chose que nous pouvons en dire, c'est qu'elle se manifeste au travers des changements, c'est à dire au travers de processus.

Tout processus requiert une transformation de l'énergie, ou si l'on préfère, pas d'énergie, pas de processus. *Pas de processus du tout.* Ni commercial, ni industriel, ni autre. Toutes les machines et les produits dont nous vivons à chaque instant reposent sur l'emploi des énergies ... *fossiles* à plus de 85 %, donc épuisables, et en outre d'un effet redoutable sur le climat. Pour autant personne ne semble guère se soucier de ce que deviendra le monde avec seulement 15 % de l'énergie que nous utilisons actuellement. Donc plus de machines, plus d'engrais, plus d'agriculture mécanisée, plus de transports, plus de santé, plus d'éducation, etc. Mais tout de même 10 milliards d'êtres humains ! Je n'aimerais pas être de ceux qui compteront les cadavres. Les exponentielles ont des pentes très déplaisantes mais le pire, c'est de devoir redescendre depuis les sommets qu'elles ont atteints sans le moindre parachute...

Lorsque les « primitifs » constatent que la photographie ne capture pas l'esprit, il ne font rien d'autre que dire, que la photographie ne capture pas l'ensemble des processus au sein desquels la chose elle-même se trouve indubitablement intriquée. Ils désignent par là – pour faire simple – son passé, son présent, son avenir et l'ensemble *ouvert*, c'est à dire indéterminé et indéterminable, des relations qu'elle entretient ou pourra entretenir avec le reste du Réel, et notamment avec les processus auxquels elle prend part. Et comme *cela* – qui est pour eux *l'esprit de la chose* – n'est pas dans la photographie, ils comprennent fort bien (au contraire des civilisés) que le Réalisme n'a que fort peu à voir avec le Réel.

Constat de faibles conséquences songera le civilisé, jusqu'au moment où l'énormité de son « petit » oubli de la réalité de *l'esprit des choses* se révélera à lui sous la forme d'une catastrophe écologique, où se manifestent soudain toutes les interactions et tous les processus dont était *aussi* constituée la chose *en fait*, mais qu'on avait hardiment, non seulement passés sous silence, mais niés dans l'opération de la vente ou de l'échange.

Or il se fait que l'Histoire n'est pas à vendre, ni le Temps à échanger. On peut en vendre ou en échanger les traces, les résultats, les produits, les mémoires et les récits, mais on n'en vendra pas pour autant pas un seul instant, passé, présent, ou futur, dont on n'aura pas, préalablement, *eu la peau* comme celle de l'ours. Chaque instant est unique et, primates que nous sommes, nous ne pouvons guère que le *singer*. Mais, comme le dit Marx à propos de la réplication des grands et des petits Napoléon, *la seconde fois c'est une caricature.*

Les Choses Convenables

L'opération de vente ou d'échange, au contraire des opérations de vol ou de pillage, repose sur un consensus des parties, où l'une ou l'autre, et en fait les deux, ont intérêt au *mensonge*. Bien entendu ce consensus se fait « sur le dos » de la « chose », qui n'est pas le moins du monde autorisée à s'exprimer librement, c'est à dire dans toutes ses potentialités passées présentes ou à venir, connues ou inconnues, plaisantes ou déplaisantes, anodines ou mortelles. Bref la chose vendue ou échangée est ce qu'il a fallu préalablement *faire taire*, comme le sait assez intimement le moindre des esclaves humains que l'on vend au marché... Ou la fille qu'on marie. Préalablement à la vente ou à l'échange de la « chose », il aura fallu débarrasser la chose de son *esprit*.

Cet esprit, l'ensemble des relations entre la « chose » et le Réel, inclut évidemment aussi l'ensemble de ces relations d'obscure intimité qui se tissent entre la chose et son propriétaire, du type de celles qui lient l'artiste à son œuvre et dont l'intensité plus ou moins grande conduira l'artiste à consentir à se séparer de son œuvre – ou non. Mais que le vendeur soit artiste ou pas, les relations entre la chose et son propriétaire – pour autant qu'elles existent – sont toujours de l'ordre du « magique » et se prêtent donc on ne peut plus mal à... L'appréciation. C'est à dire à la détermination du prix. La vente ou l'échange consistent donc d'abord et avant tout à les nier. Et de fait, elles n'ont aucune existence juridique.

Cette *castration* de la « chose » préalable à tout échange est remarquablement organisée dans le processus de production capitaliste, où la dépossession des producteurs vient s'opposer à tous les liens d'intimité qui s'introduisent nécessairement, si peu que ce soit, entre les producteurs et leur produits au cours de la production. C'est en particulier, il faut le noter, l'une des fonctions du machinisme, qui permet de désorienter totalement le producteur individuel en lui imposant de se concentrer uniquement sur sa tâche parcellaire, et à le dé-responsabiliser entièrement de tout qui peut advenir du résultat de son travail. C'est là une des origines de cette « banalité du mal » dont parlait Hannah Arendt à propos d'Adolf Eichmann. L'administration et la bureaucratie n'étant que des machines comme les autres, la traditionnelle revendication d'irresponsabilité par référence aux ordres et procédures imposés par la hiérarchie est désormais remplacée par la référence à « l'ordinateur » qui de nos jours implémente ces ordres et procédures « in silicio », les gardes-chiourme ayant été avantageusement remplacés par « le logiciel » – qui n'avait pourtant nullement postulé à cet emploi.

Mais ceci n'est qu'un aspect des choses. La même dépossession est organisée du côté de l'industriel lui-même qui ne voit du produit que sa valeur commerciale, autrement dit sa valeur d'échange. De même qu'il ne voit plus que la valeur d'échange des ressources requises par la production en ce qui concerne les matières premières, humaines comprises. Tout se trouve ainsi réduit au problèmes d'une administration strictement financière, radicalement ignorante du Réel et même des « réalités ». Il en résulte que la seule instance qui pourrait être tenue pour responsable des liens entre le dispositif et le processus de production d'une part et le Réel d'autre part, c'est *l'administration technique* du Capital parce qu'elle seule dispose d'une visibilité globale.

Rappelons que le *Capital*, c'est l'ensemble des technologies et des moyens de production, en tant qu'ils sont conçus, créés, utilisés dans *un rapport d'appropriation exclusif* par les capitalistes. Non pas certes que d'autres rapports d'appropriation ne puissent être conçus ou mis en œuvre, mais parce que *dans les faits* tout autre mode d'appropriation est juridiquement et physiquement exclu du monde capitaliste. Autrement dit, ce rapport d'appropriation exclusif des technologies et des moyens de production par les capitalistes est lui même exclusif au sens où il exclut *aussi* l'existence de tout autre rapport d'appropriation envisageable.

L'administration technique du Capital elle-même n'a guère plus à voir avec la création technique que le nettoyage des pinceaux n'a à voir avec la création picturale d'un peintre, ou que l'exécution de la musique militaire n'a à voir avec la création musicale. Mais qui ne voit l'avantage que les capitalistes ont à se dédouaner de toute responsabilité en propageant la confusion entre deux rôles fort différents, l'un de garde-chiourme industriel et l'autre de création technique, en faisant croire au bon peuple que la meute des gardes-chiourme est l'instigatrice tout « progrès » et les créateurs techniques responsables de tous les désastres – ou l'inverse selon les besoins du moment, car la confusion est toujours bonne fille. D'où l'intérêt des termes de « technocrates » et de « technocratie » qui ne reflètent guère que l'absence de contrôle des capitalistes sur leurs propres mécanismes d'administration. Quant à laisser croire qu'une administration puisse jamais être à l'origine de quelque création que ce soit, il faut être vraiment être un enfant de chœur très ivre pour y croire une seconde... Mais si grossier soit-il, le truc marche – notamment parmi les « intellectuels », tenus soigneusement à l'écart des épineux tracas de la production.

Mais l'administration technique du Capital est elle-même presque entièrement dé-responsabilisée puisqu'elle est supposée être – et est en effet – *esclave* dans l'organisation industrielle générale, et que ses objectifs sont réduits à ceux de n'importe quelle administration, à savoir d'assurer que tout fonctionne bien et de la manière la plus efficiente possible.

Au total, on voit que la chose la plus étonnante du monde, serait que le mode de production capitaliste puisse jamais imaginer, concevoir ou prendre en compte l'envers de sa *réduction du Réel au représenté* qui se manifeste désormais avec fréquence et assiduité sous la forme de catastrophes industrielles et de désastres écologiques.

Après cette brève incursion dans le monde des rapports de production, destinée à montrer que le Réalisme, c'est à dire la réduction de la perception humaine à celle qui est requise au moment de l'échange, s'est depuis longtemps insinuée dans toutes les formes de production autorisées, on voit que l'essentiel, le centre du mécanisme, c'est cette *convention* où s'accordent les parties prenantes en un contrat, et au cœur de laquelle la chose vendue ou échangée se trouve réduite à ce que ces parties prenantes en savent.

Bref, la chose que l'on vend doit être *réduite* et est effectivement réduite à une *convention* autrement dit à une *représentation.* Ce qui est une autre façon de dire que le mouvement de l'échange consiste en une *destruction de la perception au profit d'une représentation.* D'une représentation, c'est à dire d'une mémoire, et donc de quelque chose de mort qui se saisit du vif afin de le faire disparaître ou plus précisément de le *liquider,* d'en faire de l'argent liquide

Aussi le sommet du Réalisme est-il effectivement atteint – comme l'exprime spontanément, mais non sans justesse, le vulgaire – dans l'argent *qui représente tout.* Et dont le mouvement consiste, dans les actes comme dans leurs effets, en une

129

soumission totale à la représentation. De sorte que l'on qualifie justement de *réaliste* celui qui est capable de prendre un billet vert pour l'équivalent d'un bouquet de d'églantines.

On a vu que, telle que la définit Pierre Reverdy, l'image poétique, ne représente rien. Elle n'est pas une « chose », pas plus qu'elle n'est la réminiscence ni le fantôme d'une « chose », mais un mouvement, un événement de l'esprit qui restitue, évoque ou invoque, le tissu de relations qu'entretiennent à notre insu les « choses », tissu qui n'est autre que leur « esprit ». Un « esprit » qui en fait les constitue, et qui désigne en négatif la fausseté de principe et l'incomplétude irrémédiable des représentations à quoi elles avaient été réduites. Un « esprit » qui les constitue comme *inconvenantes, c'est à dire invendables*.

Peut-on sortir de ce monde rabougri du Réalisme ? On peut penser que oui. D'abord parce que l'image poétique n'anéantit pas l'image réaliste mais la dépasse. Les choses, que l'échange – marchand ou non – devait tronquer pour que l'échange paraisse respecter l'égalité des parties prenantes – l'ombre de l'antique *don / contre-don* ethnologique – ces choses-troncs, inertes, sans racines, sans branches ni feuilles, ces équivalents sinistres de ces femmes-troncs des foires, passent de l'état de signifiés à l'état de signifiants et deviennent simples signes, *balises* dans l'océan des relations et des processus, simples fils nouant l'écheveau des possibles qu'elles évoquent, invoquent, révèlent ou recèlent. Des choses que la magie de la poésie rend à nouveau enchantées autant qu'enchanteresses, désormais pourvues de bras et de jambes, mobiles, aptes à tous les ondoiements, à tous tourbillons et toutes les fluences c'est à dire à toutes les indéterminations.

Au delà du Réalisme

L'influence multi-millénaire de Platon et des autres penseurs esclavagistes nous a fait séparer le monde en « choses concrètes », accessibles aux sens et en « choses abstraites » uniquement accessibles à l'esprit, à l'un de ses avatars ou à l'une de ses hypostases. Cette séparation reflète bien entendu la séparation entre « corps » (esclave, qui exécute les ordres, se salit les mains et fait son rapport) et « esprit » (maître, qui pense, ordonne et, qui entre deux plaisirs raffinés, goûte un juste repos). De même les perceptions étant attribuées au corps sont grosières, mauvaises, soumises aux illusions, aux errances et aux erreurs, tandis que la pensée du maître fondée sur des représentations fermement établies, stables et assurées ne saurait évidemment errer en quoi que ce soit, puisqu'elle est celle du maître.

La vérité biologique – quand bien même encore approximative – n'est évidemment pas de cet ordre. *La perception pense*, elle *crée* des formes ou bien identifie dans le Réel des formes qu'elle a déjà élaborées. Et de même, *la pensée est perception* lorsqu'elle découvre des liens entre des formes déjà connues ou synthétise de nouvelles formes jusqu'ici in-conçues à partir des relations entre des formes connues. L'essentiel de ce *travail du vivant* est bien sûr presque entièrement inconscient, la conscience n'étant elle-même que perception de la perception, la perception du mouvement largement inconscient de l'esprit. Les bouddhistes expliquent qu'en plus des sens dédiés à la perception des « choses » extérieures, il existe un sens supplémentaire spécialisé dans la perception des mouvements de l'esprit. L'intérêt de cette remarque bouddhiste, c'est de tenter d'en finir avec les prétendus mystères de la conscience en mettant en évidence l'analogie entre conscience et perception. Et au fond, Descartes en s'écriant « Je pense donc je suis » ne fait rien d'autre que constater qu'il perçoit les mouvements de son esprit. Ce constat de Descartes n'est d'ailleurs pas en lui-même un acte de conscience au sens philosophique du terme, mais bien plus exactement un acte *d'attention* à la perception de la perception.

Par ailleurs, posant cette analogie que la conscience est une forme particulière de perception, il faut bien reconnaître que le progrès n'est pas si décisif parce qu'il est assez notoire que nous ne savons pas très bien ce qu'est la perception. Simplement avant l'irruption de cette remarque bouddhiste nous avions deux problèmes, celui de la conscience et celui de la perception, tandis qu'une fois cette remarque bouddhiste posée, nous pouvons soupçonner que nous n'en avons peut-être plus qu'un seul, qui est celui de la perception.

Mais en unifiant analogiquement conscience et perception nous avons aussi gagné quelque chose en retour, qui est qu'il n'y a probablement pas de différence fondamentale entre les choses dites concrètes auxquelles sont supposées nous donner accès les perceptions élaborées par nos sens et les choses dites abstraites auxquelles nous donne accès le type de perception particulier que nous appelons la conscience.

Au total, rien n'indique que la division concret-abstrait ait un sens, sauf pour le réaliste qui, quant à lui, considère que le Réel « tombe sous le sens », que ses représentations *sont* le Réel, et que réciproquement, le Réel se réduit à la « réalité » telle qu'il l'a identifiée, c'est à dire à l'ensemble plus ou moins organisé des représentations qui, littéralement, « sont au catalogue » – ou si l'on préfère, au lexique

Mais dès que l'on abandonne la distinction abstrait-concret, les formes issues de perceptions externes – c'est à dire issues du Réel en mouvement – et les formes issues des perceptions internes – c'est à dire issues de l'esprit en mouvement – peuvent fêter leurs retrouvailles en une saine égalité. Ainsi par exemple du rêve qui devient digne d'attention à l'égal de toutes les « choses » que le Réalisme se bornait à considérer dans ses « réalités » extérieures. Ainsi également des bribes de pensée inconsciente qui émergent ici et là au cours de nos rêveries éveillées, ou font soudain irruption depuis le coeur de nos moments de concentration les plus intenses. Un nouveau monde s'ouvre et l'activité de l'esprit devient un aspect du Réel comme un autre, digne d'un intérêt sinon égal, du moins comparable à celui que nous accordons à l'activité perceptive de nos sens. Ainsi également des *formes* qui hantent nos esprits et que nous assemblons – ou plutôt qui s'assemblent en nous – pour former « nos » pensées. Et en fait, dès qu'on abolit la distinction entre concret et abstrait, les perceptions de l'activité de l'esprit étant mises au même niveau que les perceptions de l'activité du monde extérieur, on se trouve *en terrain surréaliste.*

Alors que – dans les faits – l'image poétique proprement dite, celle dont se tissent les poèmes, ne connecte que des formes issues de « réalités » extérieures c'est à dire « sensibles », dès lorsque l'on abolit la séparation illusoire entre concret et abstrait, d'autres formes de relations peuvent émerger reliant des « réalités » cette fois intérieures comme des idées, des modèles, ou même des bribes de théories qui viennent alors se connecter et se tisser selon des voies qui ne sont nullement celles de la logique, mais bien celles de l'analogie.

A l'exemple de ces analogies que découvre, développe, précise puis vérifie (ou non) l'esprit mathématicien entre – par exemple – objets de la géométrie et objets de l'algèbre, comme aussi ces analogies entre géométrie euclidienne et géométries non euclidiennes et qui finalement ont permis de fonder ces dernières. Les exemples données par Henri Poincaré dans le chapitre 3 de *Science et Méthode* intitulé *L'invention Mathématique* – mais Poincaré est loin d'être le seul mathématicien à en avoir fait le constat – montrent que le mouvement de la création mathématique n'emprunte nullement les autoroutes stériles de la logique, mais bien plutôt les sentiers imprévus de l'analogie. Il est hautement vraisemblable que la création dans les autres sciences emprunte les mêmes chemins de traverse que dans les mathématiques, comme fait plus que le soupçonner Breton à la fin du premier Manifeste du Surréalisme. A ceci près que tous les scientifiques n'ont pas nécessairement pris la peine d'étudier leur propre cheminement de pensée comme Poincaré, ainsi que d'autres (et des plus notables) de ses collègues, se sont donné la peine de le faire. En mathématiques cette prise de conscience du rôle fondamental de l'analogie s'est d'ailleurs trouvé formalisée dans la *Théorie des Catégories* :

[https://fr.wikipedia.org/wiki/Th%C3%A9orie_des_cat%C3%A9gories]

Et certains aspects de la *Topologie Algébrique* :

[https://fr.wikipedia.org/wiki/Topologie_alg%C3%A9brique]

On pourrait aussi citer en exemple les notes, observations, et surtout les remarquables intuitions de Paul Valéry par exemple dans *Monsieur Teste*, dans *Mauvaises Pensées et Autres* et bien sûr dans ses *Cahiers*, mais en fait un peu partout dans son œuvre. On peut dire que Paul Valéry aura passé une notable partie de sa vie à se regarder penser.

Rien n'éclaire mieux le mouvement de la pensée

analogique – centré sur les relations plutôt que sur les choses – que cette phrase de Rimbaud :

> « J'ai tendu des cordes de clocher à clocher ; des guirlandes de fenêtre à fenêtre ; des chaînes d'or d'étoile à étoile, et je danse ».

Rimbaud – Les Illuminations – 1886.

Par la force de l'image poétique, et des fils à longue portée de l'analogie, l'esprit humain, libéré de l'esclavage du Réalisme qui le maintenait soumis aux images, c'est à dire *subjugué* aux images, passe soudain au dessus de ce *joug* et se trouve brutalement propulsé *à la hauteur des images*, c'est à dire au cœur même de l'éclair de cette relation neuve où les choses et les réalités s'illuminent les unes par les autres. Autrement dit, *au-delà de la représentation*. Ceci entre autres parce que l'événement qui se produit à cet instant dans l'esprit n'est, justement, pas représentable.

L'esprit prend soudain conscience de tout ce que le Réalisme, en posant que « ***ceci n'est que cela*** », pouvait avoir de castrateur, en ce sens très simple où la castration est ce qui empêche de « faire des petits », de se propager, de *proliférer*. Puisque selon la belle expression de Philippe Quéau : « la métaphore se propage ... ». Le terme « A » et le terme « B » de l'image surréaliste qui vivaient apparemment l'un et l'autre leurs existences individuelles, séparées et sans histoire, deviennent soudain inséparables – irréversiblement *et donc historiquement*. « La Terre est bleue comme une orange », et « Les mots font l'amour ».

Et c'est aussi ce que la Physique récente révèle –
celle illustrée par Ilya Prigogine et quelques autres
par exemple. Elle met l'accent sur des processus
où les particules ne s'indiffèrent plus comme des
clients sur un marché, mais se mettent à entretenir
de surprenantes relations par lesquelles le tout est
beaucoup plus qu'une somme indifférente des
parties. C'est ce qu'on appelle *l'émergence* où des
propriétés nouvelles apparaissent qui ne sont – et
ceci radicalement – pas du tout déductibles des
propriétés des parties. Comme dans l'image
surréaliste, des propriétés nouvelles font irruption.
Et au-delà de l'adage surréaliste, ce ne sont donc
plus seulement les mots qui font l'amour.

Et c'est encore cette *non-séparabilité* du monde
que nous révèle, d'une autre manière, l'expérience
de physique quantique d'Alain Aspect : c'est du
moins ce que semblent proposer les physiciens
David Bohm et Basil Hiley, dans le titre de leur
ouvrage *The Undivided Universe: An Ontological
Interpretation of Quantum Theory* [« L'Univers
indivis, une interprétation ontologique de la
théorie quantique.»]

Mais il existe une autre approche qui permet de
s'évader du Réalisme, et c'est de *délaisser les
représentations pour les perceptions*. Les sciences
de l'esprit ont désormais confirmé ce que
beaucoup d'observateurs avaient déjà noté, à
savoir que, dans la plupart des cas, ce que nos sens
« prétendent » percevoir n'est pas le monde, mais
un modèle, une *simulation* du monde par laquelle
notre cerveau *reconstruit* le monde, le re-présente.
Autrement dit, nous *devinons* le monde bien plus

que nous le percevons. Ce n'est que lorsque cette simulation apparaît comme incohérente, comme incompatible avec ce que nos sens nous présentent par ailleurs que nos organes des sens sont pleinement réactivés. Erwin Schrödinger dans son ouvrage *Qu'est-ce que la Vie* ? pensait d'ailleurs que la conscience résidait précisément en cela, dans une *attention* à cette différence entre le monde simulé et le monde perçu.

L'un des observateurs les plus attentifs et surtout les plus passionnés de la perception fut probablement Victor Hugo, mais cela n'est devenu pleinement sensible que récemment au travers de l'étude réalisée par Annie Le Brun à l'occasion de l'exposition *Les Arcs-en-Ciel du noir*

[https://www.maisonsvictorhugo.paris.fr/fr/expositions/les-arcs-en-ciel-du-noir]

qui présentait les œuvres graphiques de Victor Hugo et les textes de son œuvre que l'on pouvait leur associer. Dans le livre qu'elle a consacré cette exposition Annie Le Brun analyse ainsi le mouvement intellectuel de Hugo tel qu'il transparaît au travers de ses dessins comme aussi bien au travers de certains de ses textes.

> « Comme si Victor Hugo remontait le cours de l'image pour voir et de quoi elle est faite et d'où elle vient. Je crois bien que jamais plongeur n'est allé si loin, sans en être jamais revenu, vaincu par l'ivresse des profondeurs » .

> Annie Le Brun P 116

D'une certaine façon, *le souci des formes* est évidemment celui de tout artiste. Mais pour autant tous n'ont pas eu le souci de *la genèse des formes* au degré d'intensité et d'acuité dans l'expression où cela a pu être le cas pour Victor Hugo, et aussi comme on le verra plus loin pour Roberto Matta et dans certains textes de Asger Jorn. Annie Le Brun illustre le mouvement de pensée de Hugo à partir de l'expérience indélébile vécue par Hugo qu'Arago avait invité à regarder la Lune à travers le télescope de l'observatoire de Paris. Hugo en est visiblement fortement impressionné :

> «la visibilité augmenta, on ne sait quelles arborescences se ramifièrent, il se fit des compartiments dans cette lividité, le pâle à côté du noir, de vagues fils insaisissables marquèrent dans ce que j'avais sous les yeux des régions et des zones comme si l'on voyait des frontières dans un rêve»
>
> Annie Le Brun P 112.

L'extraordinaire ici, c'est la lente progression du processus par lequel Hugo parvient à identifier des formes, « comme si l'on voyait des frontières dans un rêve ». Ce point est intéressant en ce qu'il suggère subrepticement que pour le moins, le rêve a quelque chose à voir avec la perception des « frontières », c'est à dire avec l'un des aspects des formes.

La vision de Hugo se précise, secourue ici et là par les remarques d'Arago :

> «L'éclair fit une rencontre, quelque chose comme une cime peut-être, et s'y heurta, une sorte de serpent de feu se dessina dans cette noirceur, se roula en cercle et resta immobile; c'était un cratère qui apparaissait. A quelque distance, un autre éclair, une autre couleuvre

de lumière, un autre cercle; deuxième cratère. Le premier est le volcan Messala, me dit Arago; le deuxième est le Promontorium Somnii. Puis successivement resplendirent, comme les couronnes de flamme que porte l'ombre, comme les margelles de braise du puits de l'abîme, le mont Proclus, le mont Cléomèdes, le mont Petcevius, ces vésuves et ces etnas de là-haut; puis une pourpre tumultueuse courut au plus noir de ce prodigieux horizon, une dentelure de charbons ardents se hérissa, et se fixa, ne remuant plus, terrible. C'est une chaîne d'Alpes lunaires, me dit Arago.»

Annie Le Brun P 113.

Jusqu'à ce que, par l'antique vertu magique des noms égrenés par Arago, – noms supposés de toute éternité humaine donner pouvoir sur les choses – et finalement cette l'expression rassurante « d'Alpes lunaires » d'Arago, l'esprit de Hugo revienne à la Réalité, – c'est à dire à *la convention*, puisque après tout « on sait bien ce que c'est que les Alpes ». A la Réalité, mais nullement pour autant au Réel.

Car on ne fait pas le coup des noms à un magicien de l'envergure de Hugo. En dépit de naïves tentatives d'Arago pour calmer la tempête perceptuelle qu'il vient de déclencher chez Hugo, celui-ci a vu, non seulement la même chose que Galilée, Cyrano de Bergerac et Giordano Bruno – à savoir l'évidence de la pluralité des mondes. Mais il a vu bien pire...

«On a le vertige de cette suspension d'un univers dans le vide. Nous aussi, nous sommes comme cela en l'air. Oui, cette chose est. Il semble qu'elle vous regarde [...]. Le silence accroît l'horreur. Horreur sacrée. Il est étrange d'entrevoir une telle chose et de n'entendre aucun bruit. »

Annie Le Brun P 113.

Ce qui frappe Hugo, ce n'est pas que la Lune ressemble à la Terre – de quoi on peut suspecter qu'il était déjà quelque peu au courant – mais tout l'inverse. Là où Galilée, Cyrano de Bergerac et Giordano Bruno – et Arago et tant d'autres – pris d'une certaine panique, se réfugient sous les jupes du Réalisme en s'accrochant au constat que la Lune ressemble à la Terre – c'est à dire à la rassurante pluralité des mondes – Hugo, lui, saute à pied joint au cœur même de ce tableau que Matta a nommé *Point d'Appui*, titre qui est évidemment un jeu de mots pointant du doigt le fait qu'il n'existe précisément aucun « point d'appui ». La Terre et la Lune sont donc suspendues, mais à quoi ? A rien, dit finalement Hugo, sauf à l'esprit.

> « Cette cime du rêve est sous le crâne de tout poëte comme la montagne sous le ciel »

Annie Le Brun P 113

> « Qui que vous soyez, vous avez en vous une prunelle fixée sur l'Inconnu, et que l'infini engloutit sous son rayonnement. L'infini dans tous les sens monte au-dessus de votre tête, et s'élargit et se croise et s'épanouit et flamboie et monte et recommence et monte encore, prodigieuse gerbe des faits du gouffre ».

Annie Le Brun P 114

De sorte que Hugo en tire les conclusions cosmiques qui lui semblent s'imposer quant à la nature de la lumière...

> «La nuit, [...] c'est l'état propre et normal de la création spéciale dont

142

nous faisons partie. Le jour, bref dans la durée comme dans l'espace, n'est qu'une proximité d'étoile. »

Annie Le Brun P 114.

Et au-delà, quant à la nature de l'univers lui même...

« le sans fond et le sans borne, tous les points de l'infini dilatés eux-mêmes en autant d'infinis, l'enfoncement possible de la pensée dans tous les sens au-delà de tout, le lieu et la chose s'enchaînant et se renouvelant à jamais dans le visible et dans l'invisible, l'éther sans fin, l'espace du prodige. Et dans cette immensité, figurez-vous ce réseau : des orbites de soleils reliées par des ellipses de comètes; les comètes jetées comme des amarres d'une nébuleuse à l'autre. Ajoutez les vitesses et les flamboiements, des astres faisant des courses de tonnerres. Abîmes, abîmes, abîmes. C'est là le monde.»

Annie Le Brun P 117

Et quant à la nature de la perception et de la pensée

« Plus la pensée est profonde, plus l'expression est vivante. La couleur sort de la noirceur. La vie de l'abîme est inouïe; le feu central fait le volcan, le volcan produit la lave, la lave engendre l'oxyde, l'oxyde cherche, rencontre et féconde la racine, la racine crée la fleur; de sorte que la rose vient de la flamme. De même l'image vient de l'idée. Le travail de l'abîme se fait dans le cerveau du génie. L'idée, abstraction dans le poëte, est éblouissement et réalité dans le poëme. Quelle ombre que le dedans de la terre! quel fourmillement que la surface! Sans cette ombre, vous n'auriez pas ce fourmillement. Cette végétation d'images et de formes a des racines dans tous les mystères. Ces fleurs prouvent la profondeur. »

Annie Le Brun P 117.

Il est vraiment remarquable qu'Hugo parvienne à exprimer ce que presque personne ne voit, ne perçoit ni même n'imagine, et qui est *l'activité de l'univers à l'intérieur des êtres vivants* et plus particulièrement chez les hommes. Le réalisme a convaincu les hommes qu'ils étaient quelque chose comme un intérieur plus ou moins opaque qui ne peut exister qu'en s'opposant à un extérieur toujours tenu pour ou moins hostile. Le début d'un semblant d'athéisme ou plus simplement d'une simple acceptation des données biologiques serait de considérer que l'univers agit autant en nous qu'en dehors de nous. Claude Bernard considérait déjà le tube digestif comme l'une des frontières extérieures du corps humain, comme c'est aussi le cas bien sûr en ce qui concerne nos poumons. D'où il suit immédiatement que *l'univers nous traverse*.

Duchamp a également critiqué cette grossière opposition entre intérieur et extérieur dans plusieurs de ses œuvres comme par exemple *Objet Dard*, *Coin de Chasteté*, *Feuille de Vigne Femelle*, la partie « *Couvertures-Cigarettes* » du livre de Georges Hugnet *La Septième Face du Dé* ou encore plus subtilement dans ses idées sur la notion d'*Infra-Mince*. Mais apparemment personne ne s'est jamais soucié d'en tenir compte, de sorte que nous nous retrouvons encore et toujours avec l'oeuvre de R. Mutt et avec le Ready-Made, mais presque rien au-delà de ce niveau élémentaire. Et la statue opaque du Commandeur que le Réalisme avait installée en nous est donc restée... de marbre. Et pourtant, on le voit, Hugo savait déjà plus et mieux.

Un peu plus loin, une remarque d'Annie Le Brun met en évidence la communauté du mouvement d'esprit de Hugo et de Paul Valéry dont j'ai suggéré plus haut qu'il avait passé une large part de sa vie à se regarder penser :

> « On a l'impression que d'un texte à l'autre, d'un livre à l'autre, d'un genre à l'autre, Victor Hugo met tout en œuvre pour assister au fonctionnement de sa pensée. C'est-à-dire pour voir comment la forme surgit des ténèbres, tout en continuant de leur appartenir. Et avec la certitude que sa pensée participe alors du cosmos, [...] »

Annie Le Brun P 114.

Mouvement de pensée de Victor Hugo et de Paul Valéry qui est aussi le cœur même du projet explicité par Breton dans le premier *Manifeste du Surréalisme*, auquel on sait que la lecture du *Monsieur Teste* de Valéry n'est pas étrangère.

Délaisser les représentations pour les perceptions à l'état naissant et – car l'un ne va pas sans l'autre – leur dynamique, tel était aussi le projet de Matta dans ce qu'il a appelé les *Morphologies Psychologiques.*

La première et peut-être l'une des plus fondamentales des remarques de Matta, au sens où elle remet en question une des représentations les plus usées qui soient, à savoir celle de l'espace, rejoint la vision moderne de la géométrie telle qu'elle avait été élaborée par les mathématiciens à la fin du 19e siècle et au début du 20e siècle, et résumée en particulier sous une forme relativement intuitive par Henri Poincaré dans

Dernières pensées - L'espace et ses 3 dimensions., une remarque de Matta dont la brièveté n'a d'égale que l'ampleur de ses conséquences :

On ne trouve pas l'espace, il faut toujours le construire.

Matta – Notebook 1943 - 217

L'espace, qui était jusqu'alors essentiellement conçu comme un *donné* se voit ainsi transformé en une *activité*.

L'espace possible = les gestes possibles. L'espace et le geste comme diagramme où toute ligne qui pourrait se produire devient logique – est devenue dérivable

Matta – Notebook 1943 - 270

Ce basculement de vision est tout sauf un détail puisqu'il nous fait passer brutalement d'un point de vue « cosmique » – qui reste encore souvent celui des physiciens – à un point de vue proprement biologique : *l'espace, c'est ce que construit, ce que crée, le vivant par son activité.*

Localiser un objet, cela veut dire simplement se représenter les mouvements qu'il faudrait faire pour l'atteindre ; je m'explique; il ne s'agit pas de se représenter les mouvements eux-mêmes dans l'espace, mais uniquement de se représenter les sensations musculaires qui accompagnent ces mouvements et qui ne supposent pas la préexistence de la notion d'espace.

Henri Poincaré - L'espace et ses trois dimensions. P292

Notons au passage à quel degré pareil changement de perspective conforte la vision de Marx selon laquelle il ne s'agit pas d'interpréter le monde, mais de le *transformer*. On pourrait dire qu'il s'agit proprement ici d'une *géométrisation du point de vue de Marx*. L'espace perd toute forme d'existence indépendante, il n'est plus le réceptacle des choses, ce fond neutre sur lequel se détachent les formes, il devient *l'activité du vivant* elle-même. Et c'est cette activité du vivant qui désormais lui donne forme et structure.

La différence est d'importance parce que le « vieil » espace n'apparaissait que par son contenu ; que ce soit le contenu qui s'y trouvait ou celui qu'on y mettait. C'était l'espace d'un étalage, l'espace de la vitrine, l'espace du Réalisme, l'espace des choses. Dans la vision de Matta et dans la version « intuitive » que donne Poincaré du point de vue mathématique, il s'agit désormais d'un espace du *faire*, d'un espace de *l'action*. Dans ce nouvel espace, il n'y a plus rien à contempler. Il y a à faire surgir, à faire émerger. Ce n'est plus seulement un nouvel espace, c'est *un espace du nouveau*, un espace du possible, littéralement constitué par les liens qui se tissent et se renouvellent en permanence entre les êtres et les choses.

Et je me risquerai même à dire qu'il s'agit d'un espace du probable, d'un espace où joue et se joue « le dieu Hasard, le seul le vrai » comme dit le surréaliste belge Louis Scutenaire, "le hasard, seul maître légitime de l'univers" selon Napoléon. Et c'est à dessein bien sûr que j'introduis ici la notion de probable, mais à bon droit tout de même puisque la pensée du probable n'est nullement étrangère ni aux préoccupations de Duchamp ni à celles de Matta.

Comment comprendre le hasard, comment vivre le possible de l'impossible dans son propre corps ?

Matta – Matta Physique - 1940

Description active, peinture statistique, calcul des chances du réel-dialectique...

Matta Notebook 1943 -215

A dessein parce que dans un espace qui n'existe plus que par l'activité du vivant se dessine aussi l'activité hasardée – *tant externe qu'interne* au « regardeur » – de ce que très improprement on a eu coutume d'appeler l'Inerte, mais dont la physique quantique nous donne une représentation qui tient bien plus d'un fourmillement incessant d'ondes-particules que de la sage patience des objets inanimés, quand bien même voudrait-on les pourvoir d'âmes.

Mais peut-être qu'en habillant ainsi l'espace d'incertitudes et d'hésitations quantiques, j'exagère... Peut-être vais-je un peu plus loin que n'ont pu ou voulu aller et Duchamp et Matta puisque les pensées – et les œuvres – de l'un comme de l'autre se sont surtout d'abord nourries de méditations relatives à la théorie de Relativité d'Einstein.

Cependant, d'une certaine façon – et c'est après tout assez étrange – Duchamp conserve le plus souvent une vision plutôt *géométrique* de l'espace-temps. On n'a pas l'impression qu'il s'intéresse vraiment à ce qu'il s'y passe. Et si l'on suit une remarque de Gabrielle Buffet, il s'agit pas là d'une simple impression, ni même d'une tendance personnelle de Duchamp, mais bien plus exactement d'une *méthode*.

> La matière même de son œuvre est formée d'une élimination consciente de tout ce qui, rituellement, constitue et exalte la raison d'être des Arts: du Moi Sensible, du Moi Émotion, du Moi Souvenir.

Gabrielle Buffet - Extrait de Cahiers d'Art 1936, « L'Objet».

Et Gabrielle Buffet poursuit de la manière suivante :

> Pour lui, il n'est plus question de décomposer de façon plus ou moins logique les formes objectives, de mélanger les éléments représentatifs et dynamiques des sujets, mais bien de créer de fond en comble un autre code des valeurs représentatives, une signification nouvelle des formes.

Gabrielle Buffet - Ibidem

On peut très bien comprendre cette recherche d'indifférence, cette exigence de mettre de côté « les éléments représentatifs et dynamiques des sujets » si l'on prend en compte l'état des choses de l'art à l'époque de la formation intellectuelle initiale de Duchamp, c'est à dire celle du *cubisme* et des divers mouvements « rétiniens » qui l'avaient précédé et plus particulièrement du refus en quelque sorte fondateur d'une de ses toiles (*Nu descendant un escalier*) lors d'un salon cubiste. Un refus qui a pour ainsi dire « créé » Duchamp.

Mais on peut se demander si l'œuvre de Duchamp ne repose pas sur *une esthétique du point de vue*, depuis sa volonté de déplacer et de dépasser les points de vue cubistes en intégrant la dimension du Temps à son travail, en passant par les *ready-mades* (qui ne sont rien d'autre que des points de vue particuliers), etc. Jusqu'au point d'orgue final de l'approximation démontable *Étant donnés...* qui n'est, littéralement comme physiquement, pas autre chose que *la mise en scène d'un point de vue*. Cela ferait de Duchamp un praticien comme un théoricien de la perspective. Un héritier de la Renaissance en somme, à ceci près, qu'il s'agit pas chez Duchamp d'une perspective « réaliste » , ni d'une perspective « humaniste », mais d'une *perspective généralisée* qui tente d'inclure toutes les perspectives possibles.

Et c'est peut être là la clé de sa recherche perpétuelle de *l'indifférence*, au sens où l'indifférence est proprement l'absence de tout point de vue particulier. S'agit-il d'une *abolition* – d'une négation – ou bien d'*un au-delà* de toute perspective, ou bien des deux ensemble selon la conception hégélienne de l'*Aufhebung* ? C'est à voir et aussi peut-être cela dépend-il du point de vue.

Toujours est-il qu'il me semble raisonnable de poser que le sujet d'une œuvre de Duchamp, ce n'est pas ce qu'il y a dans l'œuvre – où il n'y a proprement rien à voir – mais ce qui se produit dans le cerveau du « regardeur ». D'une manière un peu imagée, on peut dire que la « toile » sur laquelle peint Duchamp, c'est l'esprit même du spectateur.

Ce n'est pas ici le lieu de défendre pareille interprétation globale de l'œuvre de Duchamp dont tout connaisseur de son travail aura vite fait de concevoir qu'elle n'est pas totalement improbable. Même si, par sa nature – et assez ironiquement – pareille interprétation autorise évidemment tous les points de vue, à l'instar de l'œuvre du Duchamp elle-même à propos de laquelle – c'est le moins que l'on puisse dire – de très nombreux points de vue ont été énoncés.

Toujours est-il que si cette hypothèse est tant soit peu exacte, alors, Duchamp, tout « anartiste » qu'il soit, reste essentiellement un artiste. Un artiste de la même lignée que les maîtres de la Renaissance qui furent autant des techniciens et des scientifiques que des artistes. Ainsi Vinci, Della Francesca, Brunelleschi... Duchamp, qui se définit comme un « ingénieur du temps perdu » ne serait alors nullement le prophète de la mort de l'art – ce qu'il ne semble pas qu'il ait d'ailleurs prétendu être – mais le prophète d'une extension de l'art, de son ouverture à des domaines jusqu'alors in-sus et donc inexplorés.

Comme je l'ai dit plus haut, il y a quelque chose dans l'approche de Duchamp qui, en dépit de tout ce qu'il a pu sincèrement faire pour l'éviter, la prédisposait aux nombreuses récupérations dont elle a fait l'objet. Ce quelque chose, c'est cette exigence centrale, ce principe d'indifférence dont fait état Gabrielle Buffet – et Duchamp lui-même. Car le terme *d'indifférence* est au fond très proche de celui *d'équivalence*, que l'on retrouve notoirement dans les doctrines du Collège de 'Pataphysique sous la forme du *Principe d'Équivalence*. Il est d'ailleurs pour le moins troublant pour ne pas dire assez suggestif que le Collège de 'Pataphysique soit l'une des très rares organisations dont Duchamp ait accepté de faire partie. Bien sûr, il est hors de doute que Duchamp ait lu Jarry avec attention comme en témoigne l'idée duchampienne de *La Pendule de Profil*, illustrée par une nouvelle de Robert Lebel (et accompagnée d'un dessin de Duchamp) et dont il est aisé de trouver l'origine dans une page du *Faustroll* de Jarry.

Loin de moi l'idée de suggérer que le Collège de 'Pataphysique ait jamais pu nourrir les moindres visées mercantiles, mais il se trouve qu'un principe d'équivalence se trouve aussi au cœur même des mécanismes de l'argent. Ce n'est donc pas par hasard qu'une partie de l'art contemporain ait pu s'emparer de Duchamp tout en ignorant les apports de Matta (et de bien d'autres). Au terme d'une évolution dont Annie Le Brun a pu suivre la trace sans trop difficultés dans son livre *Ce qui n'a pas de prix*, l'art contemporain, cet art pompier de notre époque, en est venu à ne plus rien exprimer d'autre que l'argent lui-même, que ce soit dans ses versions (spectaculairement) critiques ou dans ses versions beaucoup moins critiques, où l'artiste n'est plus guère rien d'autre qu'un manager pilotant des réalisations d'un ridicule impressionnant, à la louange des puissants qui prouvent par là qu'ils peuvent décidément tout se permettre. Réalisations hâtivement ficelées dans un emballage théorique « à la Duchamp » où l'on voit gigoter assez pitoyablement quelques ersatz d'idées, que l'on peut aisément localiser quelques années lumières *au dessous* du niveau de la pensée de Duchamp.

Mais ce qui nous importe ici, c'est ce constat que, parmi tous les points de vue dont nous a gratifié Duchamp, il en manque un et qui n'est certes le moindre : *le point de vue du vivant.*

Du reste – et il est assez aisé de s'en rendre compte – l'œuvre de Duchamp n'est guère peuplée ni habitée. Elle ne contient ni êtres ni formes, à l'exception notable, justement, des points de vue qui pour être abstraits, conceptuels, n'en sont pas moins *aussi* des formes – tout comme sont aussi des formes les objets mathématiques. Mais ces formes, c'est dans l'activité mentale même du regardeur qu'elles sont localisées.

Issue des mêmes données initiales que celle de Duchamp (la Relativité et les espaces multi-dimensionnels) l'approche de Matta est cependant, à certains points de vue, à l'opposé de celle de Duchamp, car – dit Matta :

"On ne peut représenter le réel qu'en état de constante transformation"

Il est hors de doute que Duchamp est à l'origine de

Matta comme peintre puisque Matta déclare lui-même à la fin de sa vie :

> Marcel a fait ce tableau en 1912, il est arrivé à Paris avec l'idée qu'il avait découvert une chose formidable : il ne fallait pas faire simplement une géométrie arrêtée, solide et fermée, mais il fallait essayer de montrer le moment où quelque chose change, il fallait une géométrie qui prend le bout, le passage et le temps. Faire une architecture du temps, du moment où les choses changent. Ça m'a paru la porte ouverte pour me lancer là-dedans.

> Matta - MattABC in Intimatta, film by-Ramuntcho Matta.

D'ailleurs Matta partage avec Duchamp un même goût pour les mathématiques, comme moyen d'élargir les perceptions.

> Les mathématiques, sont les seules qui sont capables de parler de l'espace en termes de plusieurs dimensions. L'œil humain n'est pas capable de s'halluciner plus loin que la troisième dimension. Mais les concepts mathématiques peuvent aller très loin. Et ce sont des concepts où il y a des transparences de dimensions qui pénètrent en dessus les unes des autres, et on ne peut pas le dire en Français, on ne peut le dire qu'en mathématiques. Ou en musique.

> Matta - MattABC in Intimatta, film by-Ramuntcho Matta.

Mais malgré *Etant donnés...* cette dernière œuvre à laquelle Duchamp aura travaillé secrètement jusqu'à la fin de sa vie, cette oeuvre qui est un piège que Duchamp tend au regardeur, et où il lui montre l'incongruité de sa position de voyeur passif d'une scène où tout devrait l'inciter au contraire à l'action, Duchamp reste captivé par son *esthétique du point de vue* et demeure en quelque sorte « extérieur » à l'espace. Aux espaces qu'il

154

nous révèle pourtant si bien.

Matta au contraire réfute *l'optique* du *point de vue* et place l'être humain (et plus généralement le vivant) au cœur même de l'espace :

> Il faut changer le concept qu'on emploie maintenant, le concept « balcon à fenêtre ». L'idée que l'on est ici, et que les événements sont dehors. Dans une scène. Tandis que nous, nous sommes le centre de ce bombardement. C'est bien d'aller chercher, de s'ouvrir, prendre note de voir à quel point ces choses nous modifient, nous changent.

> Matta - MattABC in Intimatta, film by-Ramuntcho Matta

Du reste, il me semble qu'on chercherait en vain quoi que ce soit de *convulsif* chez Duchamp tandis que dans les œuvres et les textes de Matta, les rotations, les pulsations, les convulsions, abondent (pour le moins). Qu'on en juge par cet extrait d'un texte où Matta s'efforce de définir ce qu'il entend par *Morphologies Psychologiques* :

> La réalité est la suite des convulsions explosives qui se modèlent dans un milieu pulsatoire et rotatif soumis à des rythmes.

En quoi il est très proche de deux phrases notables de Breton :

> « La beauté sera CONVULSIVE ou ne sera pas »

> Breton – Nadja, 1928

et :

La beauté convulsive sera érotique-voilée, explosante-fixe, magique-circonstancielle ou ne sera pas.

Breton - L'Amour Fou, 1937

Breton et Matta étaient comme on le voit « faits pour s'entendre », comme on le lit aussi déjà dans le texte « architectural » de Matta intitulé : *Mathématique Sensible – Architecture du Temps,* paru en 1938 dans Minotaure. Même si c'est en effet Duchamp qui allume les fusées de la pensée chez Matta, le projet de Matta est bien le projet du surréalisme tel qu'exprimé dans le premier Manifeste :

> J'étais architecte, et j'ai changé pour faire l'architecture de l'imagination.

Matta - MattABC in Intimatta, film by-Ramuntcho Matta.

Ou encore et plus précisément :

> Je connais les dessins d'architecte qui servaient à faire comprendre comment on allait construire une maison. J'applique ça à la dimension d'espace qu'on pourrait appeler des espaces de la pensée. Des espaces où l'on pourrait représenter comment la pensée fonctionne. Comment elle se sert de signes.

Matta - MattABC in Intimatta, film by-Ramuntcho Matta.

Et quoique Matta soit l'inventeur de l'idée des *Grands Transparents,* reprise ensuite par Breton, il s'agit d'une idée en fait antérieure à l'un comme à l'autre puisque Breton dans une lettre à Matta cite une phrase de Novalis qui est en fait très proche de l'idée des Grands Transparents :

> Nous vivons dans un animal dont nous sommes les parasites, la constitution de cet animal détermine la nôtre et vice-versa.

Novalis (lettre de Breton à Matta)

Encore un jeu entre l'intérieur et l'extérieur où l'extérieur des hommes est l'intérieur d'autre chose...

Au contraire de la pensée de Duchamp que – curieusement – l'on pourrait presque qualifier d'architecturale, la pensée de Matta est tout entière tournée vers la genèse des formes et leur évolution *dans l'esprit* :

> Si vous me demandez ce que je cherche, je vous répondrai que j'essaie de découvrir la morphologie des processus psychiques. Ou plutôt, je cherche un microscope pour scruter l'esprit de l'homme.

Ce qu'il vise, c'est *capturer les perceptions avant qu'elles ne se fossilisent en représentations...*

> Sentir avant les mots, sentir la terre comme on sent son corps.

Matta – Matta Physique 1940

et leur *dynamique* à l'intérieur du psychisme dont il assigne à la poésie le pouvoir comme le devoir de rendre compte...

> La constellation des morphologies, c'est la perspective dans le

temps, unique document du passage des images qu'on ne peut pas saisir sans la veille, attitude centrale de l'acte poétique. Viendra un temps où on sera conscient des perpétuelles et surprenantes transfigurations des images, rêves des miroirs cassés.

On se trouve dès lors assez loin de la pensée de Reverdy, de sa définition de l'image poétique et des débuts du surréalisme :

> Je refuse d'accepter qu'une juxtaposition d'images « reçues », aussi saisissant soit l'effet de certains rapprochements – collages – puisse vraiment rendre compte de ce que nous ressentons dans une situation psychologique donnée. Je veux une morphologie qui ne s'arrête pas à la silhouette, à la peau des êtres et des choses. L'image d'un arbre n'est pas la masse de verdure groupée autour du tronc qui se détache avec plus ou moins de précision et de grâce sur un fond de couleur. Cette image est réellement pour nous tout ce que nous savons de la graine, de la germination, de la brusque éclosion des bourgeons, de l'ombre que peut dispenser l'arbre, de l'image d'infinie tristesse qu'il présente dépouillé un jour d'hiver et encore, tout ce que le mot « arbre - peut amener dans le champ de notre conscience comme images émotives, dont plusieurs n'ont pourtant rien à voir avec l'image d'un arbre, mais qui nécessitent cependant la présence de cette image pour exister.

Mais on ne s'est ici pour autant nullement éloigné de l'objectif assigné par Breton au Surréalisme dans le premier Manifeste quant au « fonctionnement réel de la pensée ».

Pourtant, à n'en pas douter, *on est allé un peu plus loin...* Car ce qui s'est produit avec Matta, c'est que l'espace est devenu quelque chose comme *la matrice des possibles* :

> L'espace est ainsi devenu quelque chose de plus qu'un vide dans lequel errer, taché ici et là de choses dangereuses et de choses qui satisfont l'appétit et qui deviennent une scène complète et fermée

dans laquelle s'organise la multiplicité d'actions ouvertes et souterraines dans laquelle l'homme s'engage.

Matta – Notebook 1943 - 265

C'est tout le contraire de l'espace machinal de cette caméra vidéo devant laquelle Matta exprime un jour quelque chose qui semble bien être subrepticement ou non de l'ordre d'une révolte :

> La machine... [La caméra devant laquelle Matta parle] elle fait un espace qui est un espace idéal qui est pour ainsi dire abstrait. Tandis que nous, quand nous voyons l'espace, nous le voyons en nous.

Matta - MattABC in Intimatta, film de Ramuntcho Matta.

Et donc avec Matta, l'espace devient une sorte de *puits aux merveilles* où la pensée de Matta s'aventure très au-delà de celle de tous les peintres antérieurs...

> Si tout bruit contient déjà un sens, l'automatisme est la méthode pour tirer de l'ordre du désordre, de chaque situation de désordre, et non création de désordre

Matta – Exposition 1985, Centre Pompidou, Catalogue. P 77

et anticipe parfois en un éclair surprenant certaines des découvertes des sciences de l'esprit qui montrent les capacités des réseaux de neurones, formels comme naturels, à *extraire de l'ordre du sein du désordre.*

Et c'est ce qui reste le plus étonnant au fil d'une

lecture attentive des bribes des notes de Matta. Ce sont ces intuitions visionnaires comme cette autre encore :

> *L'espace est granulaire, la réalité est une chance.* Localisation, arithmétique ordinale. Economie de possibilités, fluctuation d'une étude, placer des lignes renouvelables, une mathématique pour la dialectique du réel.

Matta - Notebook 1943 -214

ou l'on retrouve quelques uns des éléments de la pensée quantique : « la réalité est une chance » (à la fois un hasard, une probabilité et une occasion en Anglais). Et cette même bribe est proche des visions théoriques bien plus récentes d'un Carlo Rovelli (l'un des créateurs de la Gravité Quantique à Boucles) puisqu'elle énonce « l'espace est granulaire ».

Matta est peintre, mais il est bien plus que peintre...

> L'imagination, c'est pour imaginer des choses et les reconstruire au plus près de ce qu'on a imaginé. Faire des choses avec des pinceaux et des toiles. Ce n'est pas ça qui m'intéresse. Ce qui m'intéresse, c'est comment je peux critiquer l'état actuel de cette représentation, de cette traduction.

Matta - MattABC in Intimatta, film de Ramuntcho Matta

Et « critiquer l'état actuel de la représentation », n'est rien d'autre que la raison d'être de ce livre.